开放 自主 共生

——幼儿园一日活动"嬗变"与"整合"

闫林林 主编

哈尔滨出版社

图书在版编目（CIP）数据

开放自主共生：幼儿园一日活动"嬗变"与"整合"/ 闫林林主编. -- 哈尔滨：哈尔滨出版社，2023.6
　　ISBN 978-7-5484-7305-3

Ⅰ. ①开… Ⅱ. ①闫… Ⅲ. ①幼儿园——日生活组织—研究 Ⅳ. ① G612

中国国家版本馆 CIP 数据核字（2023）第 116810 号

书　　　名	开放自主共生：幼儿园一日活动"嬗变"与"整合"
	KAIFANG ZIZHU GONGSHENG：YOU'ERYUAN YIRI HUODONG "SHANBIAN" YU "ZHENGHE"
作　　　者	闫林林　主编
责任编辑	刘　丹
封面设计	三仓学术
出版发行	哈尔滨出版社（Harbin Publishing House）
社　　　址	哈尔滨市香坊区泰山路 82-9 号　　邮编：150090
经　　　销	全国新华书店
印　　　刷	武汉鑫佳捷印务有限公司
网　　　址	www.hrbcbs.com
E - mail	hrbcbs@yeah.net
编辑版权热线：	（0451）87900271　87900272
开　　　本	787mm×1092mm　1/16　　印张：19.25　　字数：284 千字
版　　　次	2023 年 6 月第 1 版
印　　　次	2023 年 6 月第 1 次印刷
书　　　号	ISBN 978-7-5484-7305-3
定　　　价	98.00 元

凡购本社图书发现印装错误，请与本社印制部联系调换。
服务热线：（0451）87900279

开放 自主 共生
——幼儿园一日活动"嬗变"与"整合"

主　　编：闫林林

副 主 编：张　丽　夏　雪

编委成员：（按姓氏笔画排序）

　　　　　关宇霞　苏晓晶　李扬　肖　娜

　　　　　郝卫红　郝亚茹　柴林霞

序 言

从2001年《幼儿园教育指导纲要（试行）》颁布到2012年开始学习贯彻落实《3-6岁儿童学习与发展指南》精神以来，我国的学前教育从分科教育走向整合，从预设走向生成。我们也从模仿西方蒙台梭利、瑞吉欧和华德福教育，转而根据地域文化和实际现状构建独具特色的园本课程。目前，我们的学前教育进入了一个百花齐放、百家争鸣的时代。在这期间，我进行了田野课程、主题课程和生活课程的实践探索，但是随着从教经验的积累，我愈加体会到游戏和生活的重要性。我想为儿童创设一种自由开放的生活，在这种生活里孩子可以自主探索、全感官体验和自由表达，实现课程生活化和游戏化。

2014年，我有幸参加了山西省幼教中心关于"3-6岁儿童学习与发展评估工具"的课题实验，接触到了高宽课程。高宽课程基于皮亚杰的建构主义理论和维果斯基的最近发展区理论，提倡幼儿主动参与式学习，包括材料、操作、选择、儿童语言和思维，以及成人的支持五个部分。在这个过程中，儿童通过与人、材料、事件和思想的直接互动产生链接，进而促使教师和幼儿共同形成学习经验。此外，高宽课程还倡导发展幼儿的独立性、激发好奇心以及增强决策、合作、坚持、创新和解决问题的能力。这与《3-6岁儿童学习与发展指南》精神的要求不谋而合。霍力岩等译的《学前教育中的主动学习精要——认识高宽课程模式》提出，"一种优秀的课程模式允许你进行变化以更好地满足你所教的幼儿以及地区的需求"，而高宽课程支持这样的灵活性。我想我找到了我们园所课程改革的抓手和切入点。

接下来我们开始了一场解放老师和幼儿，从一日活动"弹性安排"开始的教育教学改革。我们调整了常规的八大环节，来园活动、晨间体育锻炼活动、教学活动、游戏活动、如厕活动、午餐活动、午睡活动和离园，将其调整为六大环节，即欢迎时间、运动时间、生活活动、游戏活动、学习活动和离园活动。这样的调整实现了过渡环节的无缝对接和融合。同时，我们还创建了独具园本特色的"星际PA游戏"课程，涉及18个户外运动区域和23个室内功能区域。游戏形式从班级到年级组再到全园混龄参与，从室内外分时间段开放转变为同一时间全部开放。孩子们从刚开始的不知所措到现在的有目的地选择，我们的老师也从怀疑转变为相信孩子们，从被动的推着走到现在主动解决问题、调适环境创设和活动形式。我园的一日活动迈向了从集中到赋权，从高控到自主的开放之路。

一、赋权

从管理者的角度来说，赋权就是放手，将课程实施和一日活动的权利交给老师和孩子，从"按照这样做"到"我想这样做"，由"被动"变为"主动"。这种思想的转变不仅停留在思想上面，更是落实到教学管理和班级管理的方方面面之中。

给老师赋权，留给老师自由调整各个环节时间的权利："6+1"班级区域里的那个"1"，就是赋予老师自主设置区域的权利。公共区域的管理，从认领空间到材料投放，从环境创设到课程设置，都是老师做主。把问题抛给老师，大家一起进行头脑风暴，主动寻求解决路径。

给孩子赋权，给予孩子选择的权利：让孩子自己选择游戏的时间、内容和同伴，让孩子自己解决冲突，让孩子主动认领任务，给予孩子更多时间和空间，支持孩子进行深度有效的探索。

在赋权的过程中，管理者需要不同的角色定位。首先是引领者。老师们一起制定活动框架和行事策略，在老师们进行研修的过程中给予理论支撑和进行答疑解惑。其次是观察者。站在旁观者的角度，把一切适宜的或不合适的行为摆出来，引导老师们进行思辨。

二、重塑

赋权的背后是儿童观、教育观和职业价值观的重塑。我们相信：儿童是有能力的学习者；儿童是天生的艺术家；儿童的学习是主动的、自主的、专注的、自信的；儿童的学习需要有准备的环境；儿童是在他与一切事物的互动中成长起来的……我们也坚信，日子是我们和孩子们一起过的，更是孩子们自己的，他们需要享受这种日子带给他们的成就感。因此要让孩子们拥有选择自己生活的权利：如选择想去的区域、想玩的游戏、合作的伙伴、吃加点的时间；让孩子们拥有自己思辨和评价的权利，拥有独立的思想和人格；给予孩子们自己解决问题的机会，使其变得有责任心和担当精神。

让儿童处于幼儿园教育的中心，所有的课程都要紧紧围绕儿童的生活和经验去设计，只有这样的设计和生成才是真课程，才是真教育。我们希望每一天都能让孩子们自己创造幸福，能够满足孩子们爱与尊重、自我价值实现的需要。

三、改造

教育改革的第一步是思想上的改造，打破固有的思维模式。在优化一日活动中，我们首先调整了幼儿园的一日活动时间，以确保孩子们有足够的游戏活动和探究时间。谢芬莲以我国西部一所幼儿园为例进行调查，调查结果显示，幼儿在园时间为 8.5 个小时，其中生活活动时间所占比例为 47.06%，包括早点、午餐、午睡、喝水、洗手和如厕等环节。因此，通过教职工代表大会和园务会的研究，我园决定推行把早餐换成早点的方案。

这个改变不仅是时间的调整，更是教师和家长思想改造的过程。

整个变革可谓惊心动魄。首先，教师团队内部就有教师以没有早餐，孩子没法照顾为理由提出辞职；其次，当消息公布时，家长"炸锅"，班级群整个沸腾……每一次的波涛汹涌都让我的心情就像坐过山车一样此起彼伏。面对意料之中的困境，我们开始谈话、调查和宣讲，使教师及家长从不理解、反对到接纳和配合，从担心和质疑到释然和认可。课程实施两周后，好几位家长都说："去掉早餐真好，我家孩子早上一起床，就说要抓紧时间，他要迟到了！他要早早去幼儿园选择野战区！"至此，我们成功迈出了变革的第一步。

俗话说，"万事开头难"。好的开始就等于成功的一半，打破思想的桎梏后，我们顺利地进行了环境、活动形式和教师工作模式等改革，一切行动都非常顺利。回顾起来，这一场变革对我来说，既是一场挑战，又是一次历练，对我们团队的凝聚力和专业水平更是一次锤炼和考验。

四、开放

我一直认为，未来的社会是开放和多元的，未来的儿童首先要思想上独立、自由和开放。因此，我们必须用自由开放的思想看待教育，用自由开放的眼光看待儿童，以及用自由开放的视角看待课程，并在孩子幼小的心灵中播下一颗自由独立的种子。

阿基米德说过：给他一个支点，他就能撬动地球。在课程构建中，思想基点将是这个体系的关键。在课程构建中，我们的思考基点就是从自由开放的思想、空间和形式入手，确定基于儿童核心素养的培育目标，组织丰富多元的活动，并提供多维教育支架。从上到下层层分解，层层落地；从下而上层层反思，提炼升华。

我们打破了年龄界限和班级之间的界限，以最大限度地给孩子们创造学习和生活互动分享的"交流圈"。我们对每个环节进行了无缝连接和融合过渡，以减少等待和隐性浪费，给孩子们最优化的有效学习。我们尝试让老师和孩子们自己进行班级微课程的构建，尊重每一个发现和探究，尝试节日活动的开放和自由，让师幼共创课程，发现越来越多"哇时刻"。我们开放了幼儿园所有的空间环境，包括23个室内功能区域和18个户外活动区域，让孩子们和每一处、每个人都可以产生链接。我们要为孩子们创设一个有爱有温度、有趣有故事的星美乐园，让孩子们处于自由开放的环境之中，从而实现"时时刻刻皆教育，时时处处皆课程"。

这次教育变革的实践过程是多元思想融合创新的过程，也是教育素养发展提升的过程。这是一场没有终点的教育修行，没有固定模式，只有不断地挑战、调整和发展。相信在以后，我们还会有课程2.0、3.0、4.0版本的不断生成。

闫林林

2022年10月

他 序

2022年2月，教育部根据《中共中央 国务院关于学前教育深化改革规范发展的若干意见》和《深化新时代教育评价改革总体方案》的精神，印发了《幼儿园保育教育质量评估指南》。这意味着学前教育的发展由保障"量"的普及向注重"质"的提高转变。同年10月，党的二十大报告明确指出，教育、科技、人才是全面建设社会主义现代化国家的基础性、战略性支撑。坚持以人民为中心发展教育，加快建设高质量教育体系，发展素质教育，促进教育公平。学前教育在我国教育体系中处于最基础的位置，是"基础中的基础"，被人民教育家陶行知先生视为"尤为根本之根本"。因之，学前教育质量和幼儿园保教质量的重要性是不言而喻的。

"不积跬步，无以至千里；不积小流，无以成江海。"幼儿园的保教活动由每天的一日活动构成，一日活动的质量即为保教活动的质量，即为幼儿园的教育质量，即为学前教育的质量。做好一日活动对于幼儿园乃至学前儿童的发展来说，尽管看似寻常但影响深远。这本《开放 自主 共生——幼儿园一日活动"嬗变"与"整合"》就是山西省运城市盐湖区第四实验幼儿园闫林林园长及其团队成员在幼儿园一日活动实践中积累的智慧和经验之作。

全书共分为三大部分，分别是"集中VS开放：赋权儿童，重塑教育观、课程观""被动VS自主：环节融合，自主探究，优化一日活动质量"

以及"主导 VS 共生：观察、反思、支架，有效推动学习的深度发生"。从这三个标题可以清晰地看到本书的写作脉络，也能深刻感受到这个幼儿园在一日活动中所经历的变革、重塑与新生。第一部分内容包含园长提出的"五要素"支架一日活动的思考和部署，以及一线教师们根据环境材料、活动环节、游戏模式等方式的总结与反思。这部分以点面结合的方式展现了教师们在教育观、课程观方面的"嬗变"和所收获的"一日活动更加有序、自由、宽松、和谐"的"幸福"。第二部分从欢迎时间、运动时间、生活活动、游戏时间、学习时间和欢送时间六个板块详细阐述了幼儿园一日活动的具体构成。这部分既用表格对相关要求和计划等进行了明确清楚的呈现，也用图片和案例等进行了直观而生动的展示，还有不同专业发展阶段教师的"心语"，这不仅有利于新手教师的模仿学习，也有利于幼教同行之间的讨论交流和借鉴提升。第三部分由"教师篇"和"家长篇"构成。前者从教师的角度，以"故事实录"或"过程实录"的方式描述一日活动中的典型案例，并进行分析和思考，以提供支架推动幼儿学习的"深度发生"。后者从家长层面，以访谈录、故事、观察案例等形式阐述了一日活动中的家园携手共同合作的重要性。全书既有园长的统筹引领和深谋远虑，更有教师的精深细作与反思改进，还有家长的观察与声音。对幼儿园一日活动不仅有多视角、立体化的全景式呈现，还有对活动开展和完善的多维度、系统化的阐释与反思。这不仅是一本基于幼儿园一线实践、让人"知其然"的经验之作，也是一本让人"知其所以然"的智慧之作。

闫林林园长曾多次到我们教育部幼儿园园长培训中心学习。她参加了全国幼儿园骨干园长高级研修班（简称"骨干班"）第三十八期的学习，后来又是全国幼儿园优秀园长高级研究班（简称"优研班"）第十期中唯一来自山西省的学员，并担任该班的班长。我很高兴地见证了闫园长的进阶和提升。当她邀请我为这本书作序时，我欣然应允。我在读完整本书后更加欣喜，因为这本书更强烈地展现和证实了闫园长在专业发展方面取得的成绩。我们中心被园长们自发地誉为"园长之家"，一直致力于为全国园长的专业发展、幼儿园领导力提升、学前教育高质量发展提供支持。我诚挚地希望这本书能够为全国各地幼儿园一日活动的完善与质量提升带来经验性启发，也为园长和教师们的专业发展带来灵感火花。

"合抱之木，生于毫末；九层之台，起于累土"。幼儿园一日活动看似寻常而细微，实则教人、育人于日积月累之间。学前教育这块"基石"的质量深刻影响着整个教育建设的质量。新时代的号角已经吹响，我衷心祝愿幼儿园园长们能够发挥课程领导者和教师引领者的作用，从做好每一天的一日活动做起，推动幼儿园的高质量发展，促进学前教育的高质量发展！

缴润凯

2023年4月于长春

目 录

第一部分 集中 VS 开放：
赋权儿童，重塑教育观、课程观

自由·融合·发展 3

"五要素"支架一日活动的有效性 6

有准备的环境，让成长更美好
　　——小卡袋的三次变化 12

观察·鹰架·提升
　　——对幼儿反思讨论会有效性的思考 15

户外游戏"放手"背后的"思"与"行" 20

优化区域材料，支持幼儿的主动学习 26

6+1 班级区域游戏优化的新模式 31

对话儿童
　　——签到环节的价值意义 36

"晨圈活动"的反思拓展 40

第二部分 被动 VS 自主：
环节融合，自主探究，优化一日活动质量

一日活动六大环节的实施建议 ················ 47

欢迎时间
　——开启幼儿美好的一天 ················ 49

运动时间
　——迎着风儿奔跑 ···················· 65

生活活动
　——唤醒儿童最美的成长需要 ·············· 103

游戏时间
　——用自主游戏点亮童年 ················ 129

学习时间
　——微主题探究活动 ··················· 165

欢送时间
　——寻找"哇"时刻，共建幸福家园 ··········· 182

第三部分 主导 VS 共生：
观察、反思、支架，有效推动学习的深度发生

瞧，我画的恐龙云 ······················ 209
小签章游戏，大智慧成长 ··················· 211
"奇思妙想"的田诚意 ····················· 214
我会写名字了 ························· 217
没带吸管怎么办？ ······················ 220

目录

我可以再来一次吗？ ……………………………………………… 224

呼啦圈闯关 ………………………………………………………… 227

好玩的轮胎 ………………………………………………………… 231

"篮"不住的快乐 …………………………………………………… 238

有趣的滚筒游戏 …………………………………………………… 244

一群人一个球可以怎么玩？ ……………………………………… 252

我的新发现 ………………………………………………………… 259

棋王争霸　谁与争锋 ……………………………………………… 261

快乐星球高铁站 …………………………………………………… 264

讲解员小九的工作 ………………………………………………… 267

叮咚，你有一份快递请查收！ …………………………………… 270

走进家长，让心的距离更近 ……………………………………… 278

我一定可以 ………………………………………………………… 282

家长观察案例 ……………………………………………………… 285

后　记 ……………………………………………………………… 289

第一部分 集中 VS 开放：
赋权儿童，重塑教育观、课程观

随着《3-6岁儿童学习与发展指南》的颁布，我们开始转变教育观念，相信儿童，相信他们具有自主学习的能力，相信儿童是积极的、有能力的、主动的学习者，并由此开始了新一轮的教育变革。

然而，从理念转化为教育行为的过程有多长？

有多少理念还止于口头？

有多少课程的建构是基于对儿童的观察？

……

这些问题的源头都是教师对"尊重儿童""相信儿童"和"儿童立场"的认知和践行。因此，我们支持儿童按照自己的方式，进行有效的、高等级的主动学习的前提，就是赋权儿童，重塑教育观和课程观。

自由·融合·发展

闫林林

幼儿园一日活动是指幼儿在园的所有活动的总和。一般来说包括来园活动、晨间体育锻炼活动、教学活动、游戏活动、如厕活动、午餐活动、午睡活动、离园等八大环节。然而，在当前常态化的教育教学过程中，一日生活转换频繁。喝水、如厕、排队去户外，都是在教师高控指挥下的集体行动，留给幼儿自主活动的时间很有限。谢芬莲以我国西部一所幼儿园为例进行调查，调查结果显示，幼儿在园时间为8.5个小时，其中生活活动时间所占比例为47.06%，包括早点、午餐、午睡、喝水、洗手和如厕等环节；体育活动占17.64%，包括早操、户外散步、户外游戏和下午操等；其他的集体活动和区域活动为17.64%。这些环节存在着隐性的时间浪费现象，会影响孩子们生活和学习的质量。

《学前教育中的主动学习精要——认识高宽课程模式》关于一日常规活动的论述中，有这样的表达：一日常规活动使儿童和教师的生活具有连贯性和可预测性，常规生活的每个部分都有灵活性，允许儿童选择，这使儿童获得一种主人翁意识。当孩子们能够掌控一天中事情的顺序和内容，他们就会感到安心和更有力量。《3-6岁儿童学习与发展指南》以儿童的终身学习和可持续性发展为目标，明确指出，"要珍视游戏和生活的独特价值，创设丰富的教育环境，合理安排一日生活"。由此可见，我们必须改变现状，优化一日生活，为儿童创设一个他们自己可以把控的、具有安全感和鼓励性的生活学习环境。

因此，我园紧紧围绕一日生活进行了优化和"嬗变"，让孩子们对每一天都充满期待，让幼儿园的每一天都成为孩子们自己创造幸福的时间，这是我们这场改革的终极目标。

这是一次思想的"嬗变"，从"集中"到"解放"。我们要解放思想，跟随儿童的步伐，解放他们的手和脚，把一切可以交给儿童做的事情都交给他们，相信他们，并搭建鹰架支持他们。

来园的问候环节交给孩子们，让他们独立完成接待、测温、取卡等工作；生活中的问题交给他们，让他们自己讨论迟到、抢玩具、忘记任务等焦点问题；让他们自己认领护旗手、小导游、小主播等任务，鼓励他们独立完成任务；把带被褥、整理床铺、帮伙伴梳头等任务交给孩子……这些都有助于孩子们形成更加独立的自我意识，他们会觉得生活中的一切事都是"自己的事""自己能做好的事"。

这是一次空间的"嬗变"，从"封闭"到"开放"。对于儿童来说，活动空间不仅限于每个班级，而是将幼儿园的所有空间全部开放，让他们自由选择去向，自主选择内容和玩伴，可以与幼儿园的一切事物进行链接。

我们充分利用室内外空间的使用价值，为孩子们创设了一个自由、快乐的"星美乐园"，并构建了"星际PA游戏"课程。把户外活动空间划分为运动区和主题游戏区两大类，共设有18个活动区域。把室内公共空间划分为面粉博物馆、八音叮当盒、百变大咖秀、STEAM科学馆、小剧场、流星花园、食育角和创客工坊8个功能场馆，共设有23个游戏区角。同时，我们打破了班级和年龄的界限，进行混龄大联动，有效地增强了师幼互动、幼幼互动和幼物互动的有效性，极大地满足了儿童游戏、情感和学习的需要，让"自由心、规矩行"的培养目标有效落地，真正作用于幼儿。

这是一次时间的"嬗变"，从"割裂"到"融合"。将一个个割裂的时间段，如来园、进餐和点名等，进行有机融合，既能满足儿童当前的需求，又能关注到各个活动的有序性。

我们把原来一日活动的八大环节进行了深度融合，让教师的操作更具灵活性和弹性，调整为：欢迎时间、运动时间、游戏时间、生活活动、学习活动和欢送时间，每一个时间段的把控都交给了班级的老师和孩子。其中欢迎时间包含问候、签到、计划、晨谈环节和加点时间；中午午睡起床的生活时间包含加点、小组活动和探究性学习时间。在每一个时间段内，幼儿可以自由选择先进行什么活动，再进行什么活动。时间段的调整会伴随着一系列环境空间、材料投放和活动规则的调整，这是给予儿童自主有序活动的支架，让他们不觉得仓促或者缓慢，这能帮助幼儿建立井井有条的生活秩序并且保持高效状态。

这是一次成长路径的"嬗变"，从"高控"到"自主"。把儿童从教师高控的指挥棒下解放出来，让他们自主选择、独立计划、反思讨论、自主解决，以全感官体验来度过每一天。

这样自由、开放的活动环境会让儿童产生一种内生的力量。他们会越来越有主见，常常会为早上选择自己喜欢的那个区而早早来园；他们会在班级同伴沮丧或失落时，进行"支招"；他们也会为完成某一项任务积极地选择材料，出谋划策。因此，一日活动的深度融合让儿童走上了全方位成长的路径，给其注入了内生的力量。

一次"嬗变"让一日活动更有序、自由、宽松和和谐，也让儿童在这样的日子里更加自主、自信、独立和从容，更加快乐和幸福。当然，这样的"嬗变"还在不断进行中，它会随着季节、园所规模、班容量和幼儿的成长不断地变化和发展，但一定会日趋美好和成熟。

"五要素"支架一日活动的有效性

闫林林

在贯彻落实《3-6岁儿童学习与发展指南》的实践探索过程中,我们不断地追问自己:幼儿是有能力的学习者,那么他们是如何学习的?我们如何全身心地支持幼儿进行有深度的学习?高宽课程教育哲学的核心是主动参与式学习,倡导教师和孩子是学习的合作者,这个学习过程亦是教师和幼儿共同形成学习经验的过程,共同承担学习责任,培养入学所需的技能。它提出,成人与幼儿之间的积极互动被认为是形成温暖且有支持作用的教育环境的核心。成人应创造一种激励性的学习环境,在儿童选择、探索材料以及与他人互动时,教师应该为他们搭建学习的"脚手架",支持儿童对事物的现有理解,并把他们的思考和推理拓展到下一个发展水平。

因此,我园在一日活动各环节的组织与实施过程中,渗透并融合了主动参与式学习的五要素。它为一日活动的有效开展提供了强有力的支撑。

一、材料:创设有准备的环境最基本的保障

1. 价值意义。教师提供充足的、多样化的、适宜的操作材料,能够吸引幼儿参与,有助于拓展儿童的经验并激发其思考。

2. 实践运用。在制定一日工作实施指导意见体系时,我园结合每个环节的教育功能、活动内容和形式,拟定材料投放清单。这有助于促使幼儿

通过与材料的互动，感受个人与集体的关系，认识到自己的行为会产生的结果，为顺利进入小学培养良好的行为习惯和心理适应能力。

表1 不同年龄段签到环节的材料清单

年龄段	材料	任务	目的
小班	签到表、个人签章、天气印章	印章签到	加强个人与幼儿园的联系，培养归属感和安全感
中班	计划书、电子时钟、彩笔	记录来园时间、天气，做好区域游戏计划	根据不同年龄段幼儿的发展水平提供不同层次的任务，不仅满足幼儿的发展需要，而且关注幼儿学习品质的培养
大班	签到统计表、电子钟表以及有指针的钟表、铅笔、计划书、温度计	记录来园时间、天气、温度，自己测量体温并记录，做好游戏计划，并学会统计	

3.指导建议。幼儿园大量的材料投放主要集中于室内外区域。在材料的选择和投放方面，教师应注意以下几点：

（1）保证所提供材料的种类和数量充足多样，以满足幼儿多样化的需求。例如，材料来源可以选用生活材料（如毛线、纽扣）、天然材料（如树叶、石头）和玩具（如拼图、积木）等。

（2）关注材料特征。从具有单一用途的封闭型材料到多种操作方式的开放型材料，进行了相应的扩充。

（3）关注材料形式。对于同一种材料，可以通过不同的呈现方式（如完整的毛巾和布条）来增加数量，通过丰富多样的材料投放以拓展幼儿的经验。

（4）关注材料投放的阶段性。需要结合一日活动的各个环节因地、因时进行材料投放。

二、操作：幼儿主动学习的有效路径

1.价值意义。操作是幼儿与材料进行直接互动的过程，即幼儿通过摆弄、探究、组合和转化材料形成自己的观点，有助于幼儿思维品质的提高和学习品质的培养。

2.实践运用。在幼儿园一日活动各环节中，本着"幼儿能做的全都让幼儿自己做"的原则，开放所有材料，为幼儿提供全方位操作体验的机会。从来园签到到室内外区域游戏，从接待幼儿并进行测温，提醒幼儿穿、脱、挂衣服到自助打饭、照顾花草和小动物，从劳动清洁工作到探究性学习，以及自主完成海报的设计和微电影的拍摄等。通过与材料的操作连接，我们能够在幼儿成长过程中发现一个又一个激动人心的"哇时刻"。

3.指导建议。第一，教师提供开放多样的游戏材料，以引起幼儿操作的兴趣。第二，幼儿操作材料时，教师只是一个旁观者的角色，给予幼儿实施自己计划的空间机会，让幼儿带着目的进行探究操作。第三，当幼儿遇到问题时，教师应支持他们自主解决问题，适时介入给予适宜的指导和提示。第四，幼儿出现新的操作技能和经验时，教师一定要在回顾环节中引导幼儿进行操作过程的表述，强化新经验和新技能，增强幼儿深度学习的效果和各项能力。

三、选择：赋予幼儿主动学习的权利

1.教育价值。"自主选择"不仅仅是自由选择玩具或玩伴，这种更具有目的性和意向性的"计划"，既可以满足幼儿个性化的需求，又可以培养幼儿独立自主的能力，让幼儿体验到成就感，增强自信心。

2.实践运用。在一日活动过程中，幼儿可以自由选择户外区域、室内区域的场地和内容，还可以自由选择在每一个区域里操作哪一种材料，还可以选择游戏的同伴和游戏情节的构建。在生活活动中，幼儿可以选择吃加点的时间，选择值日生任务的认领，自由选择竞聘小班长、小礼仪。幼儿和老师还可以共同选择探究的问题等等。把所有自主选择的权利交给孩子和老师，有利于一日活动有序地开展以及学习探究更深度地发生。

3.指导建议。在实施过程中，首先，教师需要树立"生活即教育"的

课程观，为儿童赋权，让儿童把控一日活动的秩序。其次，把班级一切的事务、问题都交给幼儿，让其进行思辨、选择、评估，引导幼儿从他律走向自我管理。第三，结合每个年龄段幼儿的发展特点，对孩子选择能力的培养提供支架。比如面对小班的幼儿，可以这样提问："你是选择娃娃家还是图书区？"这样指向性明确，可选范围集中。然后面对选择活动开放性的广度，比如我园在户外有18个运动区域，400余名幼儿同时进行大联动，那么教师就需要给幼儿辅助的物品——"进区手环"或"名牌"，帮助孩子明确选择的目的性和有始有终的计划性。最后，教师可以根据幼儿活动的开展情况适当延长或缩短活动时间，避免活动中断或时间太长而减弱幼儿学习的积极性，保证活动的深入和延伸，从而更好地保障幼儿的学习质量和效果。

四、儿童语言与思维：有效学习的关键

1. 教育价值。幼儿会描述他们所做和所理解的。当他们思考并修正想法、打算进行新的学习时，他们用语言或非语言的形式进行交流，这种交流会进一步强化幼儿行为目的、思想和经验，提高语言表达能力，增强幼儿思维品质的灵敏性和完整性。

2. 实践运用。在一日活动中，教师们基本会在晨谈时间和回顾时间给予幼儿充分表达自己观点和经验的机会。晨谈活动的内容非常丰富，包含天气、餐点的播报，宣布今天将要开展活动的内容并请幼儿做好活动计划，集体处理班级突然出现的问题，班级规则的思辨和培养，等等。回顾时间有户外运动结束后的现场回顾，有区域游戏结束后的回顾，还有离园前的"哇时刻"回顾。除此之外，还有班级小主播、小导游等活动，这些可以极大地激发幼儿积极表达的兴趣，提高其自主解决问题的能力，培养幼儿的集体意识和责任感。

3. 指导建议。

（1）营造一个想说、敢说、有机会说的语言交流环境。

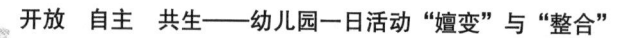

（2）善于利用班级随时出现的教育契机，比如：孩子生病、迟到、抢玩具等突发状况，及时召开反思讨论会，引导幼儿进行思辨，制定班级公约，自主解决问题。

（3）利用过渡环节的碎片化时间，给幼儿提供积极表达的机会，如餐点播报、小故事王等。

（4）尽可能地关注内向的、个性化的孩子，多给机会，多鼓励表达。

（5）最重要的是，在幼儿表达的过程中，教师要善于帮助他们完善表达内容，引导他们阐述观点，有意识地增强他们语言表达的完整性、准确性和流畅性。

只有这样才能从解决实际生活问题入手，促进幼儿积极参与和情感互动，从而实现真正的主动学习。

五、成人的支持（鹰架）：幼儿深度学习的有力支柱

1. 教育价值。"鹰架"意味着成年人支持幼儿当前的思维水平，并"挑战"他们，使其进入新的发展阶段。它的背后是教师对幼儿"最近发展区"的精准把握，并以这种方式帮助幼儿获取新知识，发展创造性解决问题的技能。

2. 实践运用及指导建议。高宽课程认为，幼儿的主动学习不会自然发生，需要成人提供适宜的环境来确保幼儿主动参与式学习。要想在一日活动中更好地体现幼儿主动学习的特点，教师在一日活动的安排和实施中如何有效促进幼儿主动学习就显得尤为重要。另外，由于幼儿是发展中的不成熟的个体，要实现幼儿的主动学习，离不开成人的指导，其指导的有效性直接影响着幼儿主动学习的效果。因此，教师的鹰架作用必须及时、有效，只有这样才能确保教育的实效性，促进幼儿深度学习的发生和发展。

在一日活动的实施中，教师首先要注重观察。观察是有效鹰架的前提，只有对幼儿的活动进行跟踪观察，当幼儿表现出准备放弃或无法解决活动中出现的问题时，教师才可以迅速分析其行为背后的原因，并给予适时的

指导。其次，在具体指导时，教师不要直接给出答案，避免幼儿对教师产生依赖感，让幼儿缺失自主探究的机会。可以用如下的引导语："你认为是什么原因呢？""想想还可以怎么办？"等等，引导幼儿自己解决问题。再次，鹰架的作用不仅仅是语言提示，还有助于创设支持性的学习氛围等。最后，关注师幼互动的有效性，这是成人鹰架最基本的要求。因此，建立积极的人际关系，支持幼儿的工作与游戏，运用鼓励而不是赞扬方法，可以帮助教师和孩子们建立支持性互动。只有教师的指导适时、适度和适当，才能有效促进幼儿主动学习的发展。

总之，生活即教育，一日活动中的点点滴滴皆教育，时时处处皆课程，这是一个思辨、评价、创新和内生的过程。在这个过程中，教师和孩子们一起相融共长！

开放　自主　共生——幼儿园一日活动"嬗变"与"整合"

有准备的环境，让成长更美好
——小卡袋的三次变化

肖　娜

有准备的环境作为重要的教育资源，它是儿童生长的物理空间、心理空间及精神空间，是课程创设的来源、课程实施的载体及结果，也是支持儿童发展的平台、记录儿童发展的载体及表征儿童发展的媒介。幼儿只有在教师有准备的环境中才能达到成人预期的学习和生活状态，对此笔者深有感触。

孩子们最喜欢的区域活动时间到了，他们会从总卡袋区找到自己的星星棒，然后进行选区，将星星棒插在自己今天所选的区域小卡袋里。就是这样一个在幼儿园里司空见惯的行动，蕴含着教师对尊重儿童和相信儿童的理念的践行，它的效果一定是建立在教师仔细观察幼儿的行为和不断调整环境材料的支架基础上的。

镜头一：

1. 孩子们拥挤在总卡袋前，一个一个找到自己的星星棒。
2. "老师，我的星星棒找不到了，你来帮帮我吧！"
3. "老师，他拿的是我的星星棒。"

反思：《幼儿园教育指导纲要（试行）》中明确指出，组织与实施教

第一部分 集中 VS 开放：赋权儿童，重塑教育观、课程观

育活动"时间安排应有相对的稳定性与灵活性，既有利于形成秩序，又能满足幼儿的合理需要"。此外，还应"尽量减少不必要的集体行动和过渡环节，减少和消除消极等待等现象"。目前我们选区环境中星星棒的数量较多，排列集中，标志不够明显，这给孩子们的观察和挑选产生了阻碍，进而影响了活动的有序性和幼儿寻找星星棒的精准度。

第一次调整：将四排卡袋用不同颜色来区分，第一排为红色，第二排为绿色，第三排为黄色，第四排为蓝色。

变化：总卡袋前不再有很多孩子拥挤，拿取星星棒变得井然有序，速度较以前更快，90%的幼儿可以按时找到自己的星星棒。

镜头二：

每天下午离园前，老师会检查孩子们是否将星星棒送回总卡袋里。90%的幼儿能正确插回相对应的颜色卡袋里，10%的幼儿插错了卡袋，因为星星棒没有明显的颜色标志。为此，老师要一个一个按学号去整理。

反思：我们现在的卡袋设计对于小班孩子来说有一定的难度，我们需要使用更明确的标志来增强他们对颜色、数字和空间序列等的理解和记忆。

第二次调整：我们在星星棒下方粘贴与插入的卡袋对应的彩色胶带，并在备注幼儿的学号：第一排1—10（红色）、第二排11—20（绿色）、第三排21—30（黄色）、第四排31—40（蓝色）。

变化：当天下午离园前，老师观察孩子们将星星棒送回总卡袋的情况，孩子们都能按颜色插入对应的卡袋中。

镜头三：

孩子们按照颜色一排一排地将星星棒插入相对应的卡袋中，但无法按照学号顺序插好，虽然将星星棒送回来很方便，但找起来仍是有些麻烦。

第三次调整：

小班幼儿年龄较小，不能依照自己的学号数字按顺序将星星棒插入相

应的卡袋里。因此，我们在总卡区的卡袋上贴上了幼儿的照片，并按学号顺序贴在板面上。

经过三次调整，现在孩子们每天早上都可以快速有序地找到自己的星星棒，并拿去选区。下午离园前，他们可以将带有自己照片的星星棒插入到相应的卡袋里，根本不需要老师讲解，孩子们已经非常清楚自己的操作流程。

《幼儿园教育指导纲要（试行）》指出，教师在教育过程中应关注并敏感地察觉幼儿在活动中的反应。当按计划进行的活动或提供的材料不能引起所期望的反应时，教师应主动反思，寻找原因，及时调整活动环境或教育行为，使之适合于幼儿的学习。小卡袋的三次变化让笔者深刻地认识到，适宜的环境和支架对幼儿发展的重要意义和价值。因此，笔者认为"有准备的环境"应该具备以下特点：

1. 以儿童为中心。只有以儿童为中心，才能创设出符合孩子们成长需求的环境，促进他们真正成长。

2. 发展变化的。儿童能力在不断地发展，有准备的环境需要随着孩子的发展而不断发展，教师要随着孩子的变化不断去调整和完善，提升教育质量。

3. 建立在教师有效观察的基础上。教师唯有通过观察孩子在活动中的行为表现，并进行分析，才能真正了解孩子的现有水平和内在需求，从而决定如何对当下的环境进行适当调整。

只有这样，幼儿与环境以及材料之间才能产生有效的互动。儿童只有熟悉自己的生活和环境，才能产生安全感和归属感。

第一部分 集中 VS 开放：赋权儿童，重塑教育观、课程观

观察·鹰架·提升
——对幼儿反思讨论会有效性的思考

郝亚茹

对幼儿的反思讨论会是晨圈活动的一个组成部分。它基于教师对幼儿一日生活各环节细致的观察，围绕日常生活中出现的矛盾冲突，在孩子们游戏中发现并捕捉有意义、有价值的瞬间，关注孩子们感兴趣的话题，进而展开谈话活动。

其目的是以问题为切入点，创设相信与质疑的氛围，聚焦问题，启发幼儿运用已有经验进行分析和思考，在不断的思考和表达中修复和完善自己的思想和理论，从而推动活动进一步开展。这种活动形式不仅能提升幼儿的学习品质、思维能力和解决问题的能力，还能促使班级管理从"他律"走向"自律"。

因此，在教学实践中为了确保反思讨论会的有效性，教师应注意以下几点。

一、聚焦"好问题"，寻找教育契机

反思讨论会以问题为切入点，因此教师需要关注问题的价值性、生活性和适宜性，只有这样才能提出具有开放性的好问题，引发孩子们参与讨论的兴趣和积极性。因此，好问题直接影响反思讨论会的效果。

好问题是指生活中能够引发幼儿共情和兴趣的现象、行为或新鲜事物等，并能为幼儿适应集体生活、解决问题和提升某方面技能提供发展路径的问题。教师要引领幼儿根据问题思考自己的行为，发现矛盾冲突，进而找到探索的方向。在一系列的思辨过程中，实现幼儿思维碰撞、新经验的构建和理论修复等。这个过程符合皮亚杰建构主义理论，该理论认为幼儿发展水平的提升需要经过图式、同化、顺应和平衡等过程来建立新的经验。比如：

在最近一周来园做计划的环节，笔者发现孩子们浪费彩笔的现象比较严重，彩笔用完不盖笔帽，或者随手乱放，导致在做计划时有些孩子因为没有笔而四处借笔，既浪费资源又扰乱秩序。笔者随后拍了几组浪费彩笔的照片，并随机组织了一场活动"笔为什么变少了？"，将问题抛给孩子们，让孩子们去反思讨论。"你看到了什么？""为什么会这样？""应该怎样做？"通过三个问题引发孩子们深度思考。在反思讨论的过程中，孩子们意识到要爱惜学习用品，并提议可以制作"爱心提示卡"来提示小朋友养成整理、归纳和爱惜物品的好习惯。

二、利用"多路径"，增强语言运用能力

1.借助多种资源，还原问题情景

通过以下五种资源呈现的方式尝试进行反思讨论会的导入和组织。一是提供幼儿游戏过程的照片；二是选择具有典型特征的片段做成视频，例如玩具区由新玩具引发的冲突；三是提供幼儿操作的实物材料，例如玩具区的插塑半成品、益智材料、记录纸等；四是通过幼儿在问题墙上的绘画记录；五是情景再现表演，呈现问题以帮助幼儿回忆并反思。

2.给予充分时间，保证充分表达

反思讨论会最好是固定时间段进行，紧跟区域活动或小组活动之后进行。时间一般在15~40分钟。教师可以和幼儿一起围圈坐，营造舒适和信任的氛围，在轻松的语言交流环境中，支持、鼓励、吸引幼儿与教师和

同伴交谈，使他们愿意表达自己的想法。开始前，教师可以组织一些让孩子们快速安静下来的游戏，例如播放舒缓的音乐以帮助孩子们放松，或集体唱一些歌曲，吸引每个孩子的注意力，让孩子们有参与集体活动的意识。

3.形式多样，激发讨论兴趣

采用不同的讨论形式更能激发幼儿讨论的积极性，因此教师需要组织多种形式的反思讨论活动，激发幼儿讨论的兴趣。

（1）播报式

幼儿有意识地收集身边突发事件或者新闻，进行播报，引发幼儿讨论思考。

（2）辩论式

例如，户外活动时，文辰小朋友发现了一只七星瓢虫，轩赫小朋友观察了一会儿后一脚把它踩死了。文辰委屈地哭了，但轩赫说："七星瓢虫是害虫。"文辰说："它是益虫。"两个人展开了关于"七星瓢虫是害虫还是益虫"的争辩。由此生成一次反思讨论活动。幼儿们可以投票分别加入益虫组和害虫组，开展辩论。

（3）情景还原式

学龄前的幼儿以具体形象思维为主，复杂的语言不能引起幼儿深度的思考。在反思讨论时，可以让冲突的幼儿情景再现或者借物谈论。用一个物品代表一件事情，以引发回忆和反思。

例如，小磷和小朔在"建筑工地"搭建积木的过程中，由于小磷不小心碰倒了小朔搭建的"高楼"，导致两人起了冲突。在反思讨论会上，可以将视角转移到"建筑工地"，让两位小朋友还原现场，从而引发幼儿的讨论。

三、提供"鹰架"支撑，提高师幼互动质量

反思讨论会是激发儿童思考怎么解决问题以及促进儿童之间平等有耐心地沟通交流，助其学习听取别人的意见的活动，让儿童能够更好地延展

思维，增强创造性。但对于幼儿来说，谈话是一种挑战，因为没有动手操作，容易出现孩子注意力分散的情况。怎样让孩子们积极专注地围绕一个话题进行讨论呢？

1. 建立谈话规则，学会倾听

在幼儿的语言交流中，倾听与表达相互依存，倾听是更高级别的沟通交往能力，也是孩子不断向外界探索的过程。因此，教师需要使用不同的策略，培养幼儿良好的倾听能力和谈话习惯。

示范：在谈话过程中，孩子们七嘴八舌地都想回答问题。教师可以告诉小朋友："如果你想发言，请坐姿端正、举高右手，这样老师就明白你想回答问题了。"

鼓励："哇！老师发现晨晨小朋友在谈话的过程中举手发言的姿势特别棒！"

轮流：例如，在辩论活动中的"你听我说"环节，要求正方发言完毕后，反方才可以发言；在"自由辩论"环节中，则要求双方轮流发言。

2. 鼓励孩子用完整的语句回顾事情发生的经过

反思讨论会是锻炼幼儿语言运用能力的最佳路径，因此，我们要鼓励孩子用不同的语言表达方式描述事情发生的经过。这是教师提升幼儿语言表达能力时要关注的重点。例如：

"谁，在什么时间、地点，发生了什么事？"

"因为……所以……"

"我先……接着……然后……"

"然后""接下来""已经"

例如：今天中午区域活动的时候，在美工区我想在纸上画一道彩虹，可是我没有紫色的笔，我就把月月的紫色彩笔拿走了，月月就哭啦。

3. 有效反馈，支持讨论更深入有效

（1）适宜的语言示范，促进概念的理解。适宜的语言示范可以帮助孩子理解概念。例如：

幼儿："我们在整理材料时，我把轮胎一个一个搬回去摆好，全部都收完了。"

老师："宝贝，你真厉害！用自己的方法坚持不懈地收拾材料，你有坚持的好品质。"

（2）批判性思维，引发幼儿深度思考。例如：

老师："为什么你觉得4个垒在一起的轮胎搭建的独木桥不够稳固？你有什么办法可以让它变得稳固？"

老师："轮胎搭建的独木桥稳固，还是油桶搭建的平衡木稳固？"

（3）关注幼儿的状态，进行有效反馈。教师有效的反馈能够激发幼儿的学习兴趣，并帮助提升零散的、已有的经验。教师要从他们讲的一大堆的事情中迅速抓住重点，并提出更深层次的问题。例如：

可欣从来园就一直闷闷不乐。他说："因为早上妈妈要照顾哥哥和我，还要准备早餐。我原本拿上了吹泡泡的吸管，但是吃完饭出门时又忘记了，所以我很不开心。"教师分析后直接提出问题："可欣为什么不开心？没带吸管可以怎么办？有什么东西可以替代吸管来吹泡泡呢？"

4.善于归纳总结，做好活动的延伸

在反思讨论会中，教师需要记录好幼儿的对话。讨论会结束后，教师可以总结幼儿的对话，反思幼儿所表达观点背后的意义，从而帮助他们进入更高阶的思维过程，也帮助教师规划下一次活动。也就是说，今天的反思有助于指导明天的实践，对于丰富发展游戏情节具有重要作用。

例如，在户外游戏回顾环节中，可以进行讨论"你觉得游戏中哪个关卡对你来说没有挑战，还可以怎样升级？"激发幼儿参与下一次活动的欲望。

户外游戏"放手"背后的"思"与"行"

张 丽

在安吉游戏的影响下,我园的户外游戏进行了很大的变革。我们采取了"先破后立"的方式,打破了班级和年级的界限,调整了户外游戏的时间和组织形式,构建了本园独特的星际PA游戏。我们开展了以4~6岁幼儿为主的大跨度、间断性混龄游戏,并根据幼儿自主运动的需要,结合幼儿园的户外空间环境,把户外区域划分为运动和主题游戏两大类,共设立了18个活动区。这样一来,幼儿可以在一定的时间和空间内按自己的意愿自主选择内容、自主选择材料、自主选择玩伴以及自主探究,从而获得不同情境下的运动经验和社会性体验。

在户外游戏中,我们坚持以幼儿为中心,做到"睁大眼、闭上嘴、放开手"。注重幼儿的个性化和自主性学习的发展,支持幼儿进行深度游戏和高水平游戏。那么,如何"放手","放"的是什么?"放手"后,教师又该如何做呢?如何有效地支持幼儿进行高水平和高质量的游戏呢?

一、放手,重塑教师儿童观和游戏观

如果将教育比作一次旅行,"鹰架"就是教师前进的途径,"儿童观"则是教师探索的拐杖。儿童观的重塑是进行课程游戏化改革的先行条件。因为"发现儿童才能继而发现课程",即以儿童的视角来发现课程内容,以儿童的立场来审视课程价值,以儿童化的方式来优化课程实践。

在过去的两年时间里，我们通过"共读一本书"读书分享活动，运用游戏现场的"游戏故事"案例分享以及"解读图式走进幼儿的游戏世界"大教研活动等方式，让老师们通过理论浸润、实践验证、经验梳理和游戏课程深耕等手段，剖析自身行为背后的儿童观，进一步重塑教师的儿童观。我们要尊重幼儿天性、回归幼儿本真、解读游戏行为、探索幼儿游戏行为背后的秘密、支持幼儿高水平的游戏发展，让这些成为教师应具备的专业素养和教育智慧。

二、"开放时空"给孩子更多的选择

1. 开放时间

开放时间，就是把原有的阶段性的点状时间划分成大块时间，给予孩子充足的游戏时间，让孩子充分参与游戏和探索。在实施星际PA游戏后，我们将以前的 7:50-8:20 欢迎时间、8:20-8:50 早点时间、8:50-9:50 户外游戏时间调整为 7:50-9:20 的户外游戏时间，这样孩子们就有足够的时间去选择游戏、选择同伴和深度探索。

2. 开放空间

开放空间，就是把游戏的空间选择权交给孩子，孩子们可以根据自己的材料和游戏主题选择适宜的游戏空间。在进行户外联动游戏后，我们由原来的一个班一个游戏场地，调整成为共用18个区的游戏场地，场地更自由更开阔。孩子们在选择的过程中，可以和小伙伴根据自己的游戏需要协商选择游戏地点，并以自己的方式解决游戏中因场地选择而遇到的矛盾和纠纷。

3. 开放材料

开放材料，就是打破原有的一个班级仅拥有一种材料的限制，把所有材料同时面向孩子们开放。孩子们在选择材料时自主性更强，选择面更宽，能根据自己的游戏需要随时添加和调整材料，以确保游戏持续进行。

过去，我们进行户外游戏时通常是一个班级只提供一种或两种游戏材料，而在调整后，我们将材料进行共享，数量和种类逐渐增多。孩子们在游戏时的选择性更多，游戏更具自主性。例如，在平衡区，我们刚开始只投放了平衡木和平衡板的材料，而在材料共享后，孩子们根据游戏难度的需要添加了轮胎、梯子、油桶、垫子和跨栏等。

三、放手游戏，支持幼儿深度探究

在放手的同时，我们也清晰地认识到，放手不等于放任自流、撒手不管，而是给予幼儿充分的时间、空间和自由。让孩子们真正成为游戏的主导者。孩子在前，教师在后，教师成为孩子的追随者，去支持孩子进行持续的游戏和深度的探索。

1. 关注现场，读懂游戏行为

关注现场，就是教师不再是游戏的策划者和主导者，而是作为一个观察者，立足于游戏现场，静心地观察孩子的游戏。在星际PA游戏实施的过程中，我们向老师们提出了每天驻足5分钟的行为倡导，让他们在孩子游戏的时候停下脚步，先观察孩子游戏活动5分钟，带着好奇去倾听、观察幼儿。了解到幼儿在游戏探索过程中的细节，客观真实地记录游戏内容和幼儿的状态。找到适宜的切入点，通过与孩子对话去支持他们游戏的高水平发展。

案例：滚筒游戏

游戏初始：开放的滚筒玩具是孩子们第一次进行探索游戏的材料。孩子们拿起滚筒后进行了不同的游戏方式：有的钻进滚筒里不断地转动身体旋转滚筒；有的推滚筒；有的两人一起，一个人在滚筒里面，一个人在滚筒外面转动滚筒。老师也在帮助孩子们尝试站立在滚筒上前进，但是很长时间内孩子们都找不到方法，不敢独自进行。

园长介入后，请老师放开手，站在旁边观察：孩子们没有外部支撑后，会有什么反应？能不能稳稳地站立在滚筒上？能够自己学会往前走吗？短短10分钟内,一个小女孩就在探索中找到了站立在滚筒上的方法,并像个小老师一样去教其他孩子如何站立在滚筒上。当一旁的小女孩按她的指导学会了以后,她兴奋地在旁边转圈。

我们不禁思考,放手游戏从口号变成行为,到底有多远的距离?其实就是一个念头的闪现,一次延迟满足,"等一等孩子""先试一试吧""相信你们可以的",其实只是一句话而已。放手后,我们发现,其实孩子们可以走得比我们想象的更远,他们比老师更了不起。我们从未意识到放手后的孩子们可以在滚筒游戏中积极地探索、不断地尝试,一次次跌下来再一次次爬上去。我们看到他们在游戏中互相鼓励、互相引导,看到他们挑战成功后的自信和兴奋,我们震撼于孩子们的游戏精神与智慧。

2. 聚焦兴趣,提供适宜的指导

我们知道,仅仅读懂和理解儿童是远远不够的。作为教育者,我们还要学会走进儿童的世界,寻找"无意义"背后的意义,扩展幼儿的思维。以专业的眼光,提供与他们思维发展相适应的课程资源,为他们创造大量的学习、探索机会和可能性规划,并给予适宜而精准的教育指导,从而让儿童表达他们的想法和感受,表达对自己和世界的解读。

案例:滚筒上交换位置游戏

在关于滚筒游戏的晨检谈话结束后,小荷和小雨选择挑战互相交换滚筒的游戏。

只见,她们俩将滚筒朝同一方向推动,探索用什么样的方法可以迅速地交换位置。小雨拉着小荷的手,准备跨越到小荷的滚筒上,然而两人都摔了下来。她们多次尝试却没有成功,于是寻求帮助。

小荷说:"老师,我们老是掉下来怎么办?"

老师说:"你们回想一下,视频中别的小朋友是怎么做的?"

小雨跳起来说:"我知道,我知道。他们是把滚筒速度降下来,慢慢把滚筒碰在一起。"

老师说:"那他们交换位置时是怎么做的?"

小荷思考了一下,笑着说:"他们是拉住手,先让一个人过去,再让另一个人过去。"

老师说:"你们可以再尝试一下,老师为你们加油哦!"

在后面的尝试中,她们终于找到了互相交换的方法与节奏,快速站到对方的滚筒上,最终她们挑战成功了。

3. 及时调整,实现环境最优化

在观察幼儿游戏行为的过程中,教师需要找到幼儿最近发展区,并根据其发展需要,有效利用身边的资源去支持幼儿进行深度探究。

(1)为幼儿提供更丰富的可拓展其游戏的材料。例如,当我们看到幼儿在探究轮胎与梯子结合的游戏时,可以提供高低不同的梯子、垫子等材料供他们继续探索;当我们看到孩子不停地将豆子从盘子放到碗里时,可以提供不同大小的豆子、瓶子、舀取工具,以满足他们的游戏需求,等等。

(2)为幼儿提供适宜的环境来支持他们的探索。户外空间是孩子们游戏的场地,只要他们需要,我们就可以带他们去合适的环境中游戏,丰富他们的游戏情境,促进他们游戏水平的发展。例如,我们看到孩子们热衷于在秋千上不断地旋转时,可以带他们去户外玩旋转椅,去公园玩旋转木马,让他们感受旋转给身体带来的感觉等等。

因此,在活动中,我们要用心观察,关注孩子,发现他们的最近发展区,为他们提供适宜的材料和环境,保证他们在学习中形成广泛而多样化的学习经验,拓展他们的游戏思维,并为他们培养良好的学习品质和终身学习打下基础。

4. 注重回顾,寻找新经验的突破点

回顾是幼儿自主性游戏组织中必不可少的一个环节,为幼儿提供了充分的自我反思和讨论的机会。回顾既是对幼儿经验和能力的认可,也是帮助他们突破已有学习经验并构建新经验的重要环节。在回顾环节,我们如何总结幼儿的学习经验，找到构建幼儿新经验的突破点，促进他们形成新的经验呢？

首先，通过回忆游戏将所获得的知识经验吸收内化。幼儿通过演示、语言表述等方式对游戏过程和操作步骤进行梳理分享，进一步巩固和内化在游戏中习得的知识和经验，促进他们逻辑思维能力的发展。

其次，通过总结归纳所习得的认知经验，客观评价幼儿的游戏行为，并对幼儿的游戏行为和操作步骤进行总结确认，让幼儿获得更准确的知识。

（1）问题解决，发现困难，找到解决的多种办法。在问题解决环节，幼儿可以针对自己在游戏中遇到的困难与大家进行交流讨论，以便找到解决问题的最佳办法。

（2）任务驱动，找到幼儿最近发展区并提出新的任务目标。教师找到幼儿游戏行为中的最近发展区，通过新任务的发布，激发幼儿持续深入探索的欲望，并将自己的经验迁移到下一步的探索活动中。

放手是一次教师儿童观的重构，是一种游戏组织形式的颠覆，是一场深刻的教育行为革命，是一份最真的教育价值的回归。放手就是让我们追随幼儿生长的节奏，尊重幼儿生命的轨迹，真正赋权给孩子，给孩子一个属于自己的游戏乐园。

放手让我们看到更多意想不到的"哇时刻"，不禁感叹于幼儿天马行空的想象力、创造力以及条理清晰的表述能力。

优化区域材料,支持幼儿的主动学习

关宇霞

目前,随着《3-6岁儿童学习与发展指南》的深度落实,我们需要为幼儿创设有准备的环境,为他们投放充足、适宜、丰富、可操作的材料,以激发幼儿和材料之间的深度链接。区域游戏是幼儿通过操作材料进行学习的活动,教师怎样合理投放区域材料?投放什么种类的材料?用什么形式去投放材料?这些问题都是提升幼儿区域游戏质量的关键。在实践工作中,我们进行了以下几方面的尝试。

一、优化材料种类,创设有准备的环境

区域材料会随着幼儿的操作和探索活动的深入发展而变化。材料应该满足幼儿在活动中不断提出的新要求,具有可发展性和层次性,帮助他们通过摸索和尝试积累各种经验,提高各种能力,不断构建新的认知结构。

首先,区域材料必须包含低结构材料和高结构材料。尤其是低结构材料能够以物代物,为幼儿的创造提供广阔的空间和机会。

在班级的区域材料中,教师会根据低结构材料的材料性质进行分类,包括自然类材料、废旧类材料和半成品材料。这种类型的材料通常是免费的或廉价的。例如,自然类材料:幼儿在散步时收集天然的东西,如木头、树枝、石块、落叶等;在家庭聚餐时收集海螺、贝壳、乌龟壳等。废旧类材料:幼儿在日常生活中收集各类旧容器、瓶盖、牙刷、蛋糕盘、叉子、

第一部分 集中VS开放：赋权儿童，重塑教育观、课程观

废报纸、旧衣服和旧手套等。半成品材料则包括各种质地不同的纸制品（白纸、蜡纸、皱纹纸、信封、包装盒、礼物盒、药盒）、大小不一的布类材料（纱巾、大花布、小方巾）、插塑玩具、木质玩具等可进行再创造的材料。另外，可以根据高结构材料的材料功能进行分类，包括主体材料和辅助材料。例如，建构区的主体材料有各类单元积木，辅助材料有人物、动物、植物、食品、车辆和房屋等模型类玩具，还有安全帽、各类交通标识牌和马路等。高结构材料往往能增强幼儿游戏的情境性和趣味性。

其次，为了更有效地发挥区域材料的作用，教师应根据集体活动和主题活动的进程及时更新和填充适宜活动需要的区域材料，以更好地支持活动的开展，让材料的投放有层次性。

1. 预设的教学活动的材料。幼儿在教学活动后，再通过区域活动中的实践操进行不断探索，培养幼儿自主学习、自我探究和自我发现的能力。例如，在数学区，结合数学领域的核心经验，在慧玩数学集体教学活动后，教师会将相应的幼儿操作材料投放到数学区，并设置技能打卡统计表，孩子们操作后自己记录打钩。材料的更换会跟随集体教学的进程，保证幼儿在区域游戏中达到积累数学核心经验的目标。

2. 主题活动延展性的材料。例如，在"非同凡响的瓶子盛会"主题活动中，大班主要围绕"瓶子的科学实验"这一主题组织与实施。我们将各种材料的瓶子投放到各个区域，以保证孩子们自主学习，并进一步挖掘瓶子的各种玩法。在美工区，孩子们用不同方式装饰瓶子；在阅读区，孩子们以小组的方式集体创编故事；在表演区，孩子们在瓶子里装入不同的谷物颗粒来进行打击乐表演活动；在科学区，孩子们进行有趣的科学小实验。

结合微主题探究活动，每个班级都专门设立一个动态区域，教师会根据孩子们目前的兴趣点和探究方向投放相应的材料，以支持孩子们对当前热点问题的深度探究。例如：

一场晨间播报后，某次客机事故引发了孩子们的关注。"黑匣子"是

什么？它有什么作用呢？这一系列问题引发了孩子们的激烈讨论。教师则跟随孩子们的脚步，开始了关于"黑匣子"微主题的课程探究。在+1动态区域投放了平板电脑供孩子们查阅资料，投放了录像机供孩子们拍摄记录，投放了行车记录仪让孩子们直观观察行车轨迹等。通过这些真实的电子产品，孩子们可以真实地操作感知。另外投放配套的产品使用说明书，还有一些废旧的电子产品满足孩子们的拆卸探究欲望，如采访话筒、采访记录表等。

综上所述，教师需要根据实际情况和课程动态等，及时投放和补给区域材料。

二、优化投放形式，倡导师幼共同参与

我园的环境是有温度的，有故事的，有情感连接的。在教室里，教师特意增加了一些家庭物件，亲手缝纫有质感的桌旗，制作田园风的桌垫，创设温情而具有操作价值的日历牌，自制独具一格的小画等。所有这些小制作都是在增添生活中的美感与浪漫，给教室增添一抹浓浓的温情色彩，让身处教室的每个幼儿都能感受到教师们浓浓的爱意。除此之外，为了让幼儿对班级产生归属感，教师会调动幼儿的积极性一起参与环境创设。幼儿自己创设的环境对他们来说就像自己驯养的宠物一样，让他们觉得有责任去维护集体环境。

幼儿参与得越多，他们就越珍惜材料，对材料也越感兴趣，在活动中探究的欲望就越强烈。我们充分调动幼儿的积极性，让幼儿从被要求变为自发自主地参与。

首先，在投放区域材料之前，我们与幼儿一起进行谈话讨论，罗列材料清单。其次，成立行动小组进行任务认领。讨论哪些是需要收集的，哪些是需要制作的，哪些是需要购买的，并将相关信息发送至班级群，让家长明晰幼儿的活动动态与教育价值，从而更好地助力幼儿完成自己的任务，通过家园密切配合高效率地收集材料。例如，在"非同凡响的瓶子盛会"

主题活动中，我们在一楼大厅创设"博物小站"收集各式各样的瓶子，摆放了 10 个收集筐，筐上贴着不同材质的瓶子照片。早晨，幼儿来园时自发地将收集到的瓶子分类摆放好，很大程度上丰富了我们的材料，节约了成本和时间，还让家长参与到我们的活动中，支持幼儿的主题探究活动。最后，师幼共同整理材料。

材料投放后，教师需要及时关注幼儿对新材料的使用情况。例如，在区域活动开始之前，教师会对幼儿进行"神秘"的提醒，通过隆重的介绍引起幼儿的关注，例如："宝贝们，今天老师在美工区新投放了一些美工类材料，我们看看谁能找到？还能用它们创作出独一无二的作品。"在回顾时针对新材料进行意见征集，例如："在这个区域里，你有什么新的发现？能为大家介绍一下吗？你是怎样操作这个材料的？"通过回顾环节加强幼儿对材料名称和玩法等方面的认知。

三、优化储存方式，支持幼儿有效学习

高瞻学习环境最重要的原则是：幼儿要能够自己找到、使用和归还所需要的材料。我园在美工区进行了 3.0 版本的升级改造，从空间的优化到艺术氛围的营造，从美工桌的扩大和延展到柜子的高低错落摆放，从桌摆的生活艺术打造到材料的盛放方式，每一处细微的环境都只为给孩子营造艺术感十足的空间环境，每一个材料的展示都旨在让孩子们可以清楚明白地看到。

（一）空间布局错落有致，凸显层次性

教室里增添了高低错落的美工架来展示材料。美工桌由原来的 120 cm × 60 cm 的两张长桌子，更换成了一张 300 cm × 120 cm 的大长桌。桌面中央摆放自然类干花、盆栽、幼儿作品、名画赏析、绘本书籍、6 宫格透明盒子材料、笔、剪刀和胶棒等材料，便于幼儿在艺术创作过程中拿取需要的工具和材料。

（二）材料放置遵循幼儿使用的频率

因为材料的种类与数量较多，教师需要将材料按照使用的频率分类摆放。例如，第一层放置生活类和废旧类材料，第二层放置自然类和半成品材料，第三层放置美工类材料，高层处放置近期不常用的材料或需要储存的材料。

（三）材料盛放的原则便于幼儿拿取

每一种材料我们都使用敞口或透明容器，这样幼儿能很容易地找到所需的物品，进而自主选择材料进行艺术创造。

（四）用幼儿能够理解的方式做标签

标签或标志可以帮助幼儿找到所需的物品，从而实现自己的计划并解决游戏中遇到的问题。在完成之后，标签也有助于他们将物品放回原处。让幼儿能够独立找到所需材料并放回原处，这有助于激发他们的主动性，增强独立性和自信心。首先，我们需要创造幼儿能够理解的标志，例如使用材料的轮廓图、图片、图片目录或照片等。其次，让幼儿参与为新材料制作标签的活动，在这个过程中他们可以注意到材料的性质和特征，并可以运用画、描、写字或其他方式呈现。再次，标签一定要大而清楚，保证所有幼儿能够清晰明了地看到。最后，使用真实的材料来制作标签是最直观的呈现方式。

区域活动是幼儿最感兴趣的活动之一，旨在培养他们的独立性、自主性和学习能力。因此，教师要以多种途径丰富材料的投放，有效地激发幼儿对活动的积极性、主动性，并推动活动探究的深度发展。

第一部分 集中 VS 开放：赋权儿童，重塑教育观、课程观

6+1 班级区域游戏优化的新模式

柴林霞

室内区域游戏活动是幼儿个性化学习的一种方式。丰富多元的材料和自主选择的形式可以满足幼儿个体发展和兴趣爱好的需求。《幼儿园教育指导纲要（试行）》对环境创设明确指出："环境是重要的教育资源，应通过环境的创设和利用，有效地促进幼儿的发展。"最佳的区域活动环境能够营造积极的学习氛围，激发幼儿的探索欲望。

在"自由、开放"的园本课程建构理念的指导下，我园从儿童视角出发，对班级区域环境进行了整改，形成了班级 6+1 区域活动模式，即 6 个常规区域：图书区、生活区、积木区、玩具区、美术区和科学区，以及一个"+1"区域，该区域是根据班级主题活动课程和幼儿兴趣点随机生成的。这个区域具有动态性、阶段性和特殊性，是有效支持幼儿深度学习的工具。以下是对"+1"区域的创设思路和实施策略的说明和论述。

一、"+1"区域的创设思路

"+1"区域的创设是根据班级的主题活动和幼儿发展的教育目标来进行的，与主题目标相融合，从而体现目标性和适宜性，为幼儿提供了学习上的支持区域。投放在"+1"区域的材料和活动内容由教师根据幼儿兴趣来确定。

例如：区域活动现在开始了。孩子们像往常一样选择自己喜欢的区域。每个班级的区域大小根据人数和场地布局进行设定，建构区的人数限制为9人。但是在孩子们进行搭建过程中会发现场地不够，有些地方拥挤，无法完成所设计的搭建作品。在回顾环节中，教师与幼儿进行谈话后提出："那我们可以再开放一个区，再加一个区来解决场地不够的问题。"

因此，在常规区域的基础上，允许每个班级自主增加特色区，并开发了自由、自主、开放的游戏场地。这也是各个班级区域个性化的体现，既满足了孩子们多样化的游戏需求，又促使他们积极参与游戏。

（一）"+1"区来源于追随幼儿的兴趣

每个孩子都是游戏的主人。因此，班级的区域环境创设应根据幼儿的发展水平和兴趣，洞察幼儿的生活经验和需求，努力创造出幼儿关注并喜爱的空间环境。因此，"+1"区的内容和要求应尽量符合每个不同发展层面的幼儿的需求。

班级的"+1"区会让幼儿投票选择区域的主题，并根据主题内容投放相应的材料。幼儿可以根据自己的喜好选择与同伴共同游戏，从中获取有用的知识和经验。

（二）"+1"区来源于对主题课程的实践

我园的课程以班级为主题进行。因此，"+1"区会将各班主题课程的实施现状和幼儿活动的动态相结合进行创设。每个班级的教师会根据幼儿的兴趣、需求和课程实施的条件进行适当的调整，以适应班级的需求。

例如：在进行"小家大国"主题活动时，结合我园的培养目标以及幼儿的年龄特点和兴趣，每个年级组都生成了一个主题。小班的主题是"我爱我的幼儿园"，中班的主题是"我爱我的家乡"，大班的主题是"我爱我的国家"。其中，中班的主题"我爱我的家乡"可以再生成新的子主题，例如"家乡的田野""田野里的颜色"和"田野里的果实"等。每个活动都采用问题式学习（PBL）形式展开，鼓励幼儿自主选择、自由探索、分工合作和解决问题等。最终，幼儿呈现出非常精彩的作品。"+1"区域则是这些作品的展览馆，让幼儿的作品得以展示。

二、"+1"区域的创设策略

（一）关注空间布局，凸显功能，引发区域互动

环境具有吸引力，材料具有安全性，空间规划合理，幼儿才能在这个区域进行主动和有效的学习。班级特色区域环境的创设体现了主题课程和班级风格，使其富有特色。

例如：大班开展了名为"我爱我的国，我爱我的家——活字印刷术"的主题活动。为了让孩子们更直观地感受文字的魅力以及中国人的智慧，将传统文化融入教育活动中，教师为幼儿创设了丰富的环境，将这个区域设为开放性方形区域。特色区域的位置将设置在离美工区较近的地方，因为方便幼儿取放材料，也能展示作品。该区域能够容纳6名幼儿。环境空间调整好后，孩子们为区域取了一个好听的名字——"活字印刷区"。

第一阶段，教师带领幼儿了解活字印刷术的起源。孩子们商量将区域材料分为工具区和操作体验区。工具区投放了墨水、墨水碟、砚台、宣纸、毛笔筒、毛笔和书签等。操作区投放了毛毡、水写布和椅子等。

第二阶段，幼儿通过参观夏县司马温公祠活字印刷课堂进行学习。区域材料填充了活字印刷材料盒（印刷板、滚筒、字块、印油、印刷板大小的宣纸、名字印章等），还投放了拓印板供幼儿尝试拓印汉字。

第三阶段，教师在美工区投放了一部分汉字。幼儿进行汉字描红和用身体摆出汉字的形状。在认识汉字的同时，幼儿不仅能感受中华优秀文化，还能体验动手创造的乐趣。

（二）注重材料投放，满足需求，支持深度学习

材料的投放由易到难，并根据主题课程和幼儿的发展水平逐步投放。材料投放需注意以下原则：1.材料应该是安全、干净和良好的；2.材料要

符合幼儿的兴趣并满足其发展需求；3. 材料应该是开放性的。开放性材料应该满足幼儿多种游戏类型和操作方式的需求，这是最大化地促进每个孩子在原有水平上得到发展的有力措施。

例如：主题活动"田野里的颜色"中，特色区的材料布置交由幼儿完成。第一阶段，"寻找你发现的植物，并观察它们的颜色"。教师投放了一些图片和真实的植物。第二阶段，幼儿选择1—2种实物带来，并将它们制成果汁，观察实物的颜色。教师投放了实物，让幼儿进行操作，随后，投放了白色衣服，让幼儿运用这些漂亮的颜色绘制成一幅多彩的春天作品。第三阶段，教师投放面粉制作美食，幼儿进行分享并体验制作食物的快乐。孩子们的主动性学习有效地支持主题活动的深入研究。孩子们在获得了喜悦、成功的同时，也提高了协作能力以及解决问题的能力等。这也遵循了区域活动主动性的原则。

（三）提供适宜指导，增加经验，保证有效学习

成人应鼓励幼儿讨论他们感兴趣的主题和想法，并促使他们主动参与创设，并付诸行动。前期，教师通过观察和倾听，在孩子们探究迷茫时给予适当的引导，并及时调整环境，使孩子们的探究更加深入。例如，在主题活动中，我们根据幼儿的兴趣和活动内容，将"+1"区创设成小型的博物地台。博物地台的作品呈现和环境氛围的营造都由孩子们来完成。在这一过程中，孩子们产生了兴趣，分工合作、回顾活动，后续进行交流和评价，提升了幼儿的能力，并增加了经验。

环境对幼儿来说还是一种隐形的指示牌。符合幼儿经验的元素能够被幼儿理解和接受，因此他们向指示的方向前进。随着与环境的不断互动，他们丰富自己的经验。在这一过程中，支持性的互动尤为重要。教师应注意以下几个策略：（1）应允许幼儿参与活动，主动向幼儿学习，有意识地让幼儿参与决策。（2）注重幼儿的优点，将注意力集中在优点上。（3）与幼儿建立真实的关系。（4）支持幼儿的游戏。（5）使用鼓励而不是赞扬

的方式。（6）运用问题解决法来应对冲突。最终，教师与幼儿成为合作伙伴。

　　班级6+1区域环境创设模式是在实施中进行的一种动态的调整和优化。创建"+1"特色区是我们园区域游戏有效支持课程深入开展的初步尝试，我们将持续不断地进行探索和实践。

开放　自主　共生——幼儿园一日活动"嬗变"与"整合"

对话儿童
——签到环节的价值意义

郝卫红

在美国的高宽课程中，良好的日常规律会赋予儿童更多的安全感和力量。而有准备的最佳环境会给孩子们带来更多吸引力，激发他们的探究欲望。一日之计在于晨，良好的开始将会是成功的一半。在班级管理过程中，我们应非常重视签到环节的价值和意义，用温暖而有力的形式去支持幼儿开启美好的一天。

根据幼儿的年龄特点和最近发展区，我们在三个不同年龄段创设了阶梯性的签到环境，并设置了不同的签到任务。例如，小班的签章游戏，幼儿用自己的姓名章和天气印章进行盖章签到；中班幼儿需要记录自己的到园时间并绘制天气情况；大班除了记录时间和天气外，还要记录每天的气温，并对自己的体温进行测量和记录。这种递进式的签到任务对于幼儿有不同的教育价值。

一、价值一：缓解分离焦虑，建立归属感

在社会适应过程中形成归属感是儿童的精神需要。所谓"归属感"，是指个体认同所在的群体并感觉自己也被群体认可和接纳而产生的一种隶属于这个群体的感受。美国著名心理学家马斯洛提出的"需要层次论"将

"归属与爱的需要"列为人的重要心理需要,这是一种精神需要,是对"心灵家园"的渴望。

从家庭走向幼儿园,是小班幼儿跨入社会的第一步。对于三岁的孩子来说,这是一次巨大的挑战和重要的适应阶段。在这一阶段,帮助幼儿建立归属感,适应幼儿园生活,是班级工作的重要内容。因此,在来园环节,我们根据小班孩子的年龄特点,设计了具有趣味性且可操作性的签到游戏和环境。

环境材料:温馨的签到桌、每个孩子设计的带有自己名字的印章、小贴纸和贴有幼儿照片的签到板夹。

签到游戏:早上来园时,在家长的帮助下,幼儿在印章盒里找到自己的印章。班级老师准备了各种各样的小贴纸,让幼儿选取自己最喜欢的一款,并贴在印章上。(这样做有两个目的:一是每个孩子都有一个与众不同的印章,二是方便幼儿一眼就可以在印章盒中找到自己的印章)

接着,幼儿找到贴着自己照片的签到板夹,并打开印章,在签到表上印上自己的名字,最后将印章放回印章盒。游戏完成后,老师会为幼儿贴一个他选择的同款贴纸,既作为奖励,又增强了幼儿对自己所选的小贴纸的记忆。

(在签到游戏中,幼儿无意识地获得了个体与整体的概念,并感知到他是班级的一员,找到了自己的专属位置,获得了归属感。这样做可以帮助幼儿缓解分离不安情绪,喜欢上幼儿园,平稳度过分离焦虑期)

二、价值二:增强自我认知,培养自信心

自我认知指的是对自己的洞察和理解,包括自我观察和自我评价。它是自我教育的基础,共有三个层次。第一个层次是:我是谁?我要做什么?第二个层次是:我擅长什么?我喜欢什么?第三个层次是:树立学习目标。3-6岁儿童对自我认知大多是处于第一阶段,因此幼儿要树立强烈的自我意识和自主意识,例如:"我长大了,我是中班的哥哥姐姐"和"我可以做"

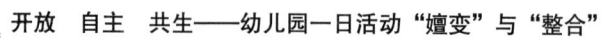

等，并且要学会评价自己和别人的行为。因此，在幼儿园的第一个签到活动中，我们需要通过各种途径向幼儿灌输这样的教育理念。

环境材料：签到桌的材料会根据不同年龄段的孩子进行投放。

小班：名字和天气印章。

中班：提供大数字日历牌、电子表。

大班：提供台历、钟表、温度计、彩笔。

任务要求：针对不同年龄段的幼儿教师会提供不同的支持策略。小班以帮助幼儿认知"我是谁"为主，中班引导幼儿清楚"我要做什么？"，大班则以帮助幼儿理解"为什么这么做？做得怎么样？"为主。具体任务如下：

小班：快速找到自己的姓名印章和天气印章，按照要求印在签到表上，并在用完后放回原处。

中班：查看日历牌上的日期和电子表，记录到园时间并在签到表上进行记录。

大班：在签到表上记录当天的日期、气温和到园时间等。

在这个过程中，我们需要采取多种方式来鼓励幼儿独立完成任务，并帮助他们树立"我能行"的信念，增强对自我的认知，并培养自信心。

三、价值三：支持探究活动，培养学习品质

幼儿的学习是幼儿通过自己特有的方式与周围环境互动的过程，是幼儿主动地探索周围的社会环境、自然环境和物质世界的过程。3-6岁儿童的学习方式主要是通过实际操作和亲身体验，去感知和探究，不断积累经验，逐步形成自己的认识和理解。因此，在签到环节中，我们设置了不同的任务计划。

任务要求：

小班：在对应的格子里盖上自己的姓名印章，并画出当天的天气标志。

中班：根据日历牌的提示，完成日期的填写，并画出自己所选区域

的标志。

大班：用各种符号正确地记录当天的天气、温度和到园时间，并画出自己的区域计划，包括使用的材料、设计的作品以及与谁一起玩等等。

案例：新的计划书——大班

片段一：新学期开学了，大班孩子们的计划发生了变化。孩子们拿着计划纸开始讨论。有的孩子说："这个和中班的计划不一样。"有的孩子说："你看，这张表我家也有一样的。"（指着温度计说）还有的孩子说："下面这个表应该写我们的体温吧？"（说着把自己的体温36.5℃写在了温度计下面）

片段二：听完孩子们的讨论，我召集孩子们一起讨论如何完成大班的计划表。有的孩子说："大班的计划表和中班的计划表差不多，只是多了一个我不认识的表。"有的孩子说："我先写上时间，不然等想起来再去看时间的时候，它就已经变了。"还有的孩子说："我把自己能写的都写完，不会写的空着等以后再写。"听完孩子们的讨论，我向他们讲解了温度计。为了快速完成计划，大家又展开了讨论，最终决定每个人在开始做计划前，先填写看到的时间和温度，这样就不需要在教室里跑来跑去看时间和温度，避免浪费时间。

片段三：第二天孩子们做计划时，有三分之二的孩子主动去看时间和温度，并在第一时间填上。另外三分之一的孩子没有主动去看时间和温度。针对这种情况，我让做得对的孩子分享了自己的做法，希望能帮助那些还不会做计划的孩子。

一个小小的签到环节在一天的六大环节中显得微不足道，但是作为老师，我们应该明白：生活就是教育。我们应该用教育的眼光去看待幼儿在园期间的每一个环节，并且发现每一个环节中的教育契机。应该对每一个教育契机进行真正的了解，并将其与幼儿的终身发展相结合。

"晨圈活动"的反思拓展

苏晓静

晨圈活动是华德福幼儿园的典型活动，具有重要的价值意义。从字面意义上说，它是一项早晨开展的活动，并以圆圈的形式开展，使来自不同家庭、不同环境的孩子，感受彼此的存在和体验集体生活。同时，这种形式也有助于幼儿更好地体验活动本身。

为了打造一个有爱、有温度的大家庭，我们秉承自由开放的教育理念，在幼儿园日常活动中进行了一系列变革，其中晨圈活动也得到了深化和延展。

一、从单一的律动活动到多样化的活动内容

原有的晨圈活动中基本是以律动、音乐游戏和手指游戏为主。旨在通过音乐使幼儿进入放松、愉悦的环境，找到自己的位置，培养其归属感。通过我们老师的演绎和实践，增加了以下内容：

1.点名游戏。例如：用报日期的方式来问好："小朋友们，2022年6月7日星期二早上好。"让幼儿了解日期和星期，初步感知数学在生活中的应用。各种形式的点名环节：单双数、随机数和身体动作等不同方式的点名游戏，既让幼儿理解数与人、物的对应关系，感知数学在生活中的应用，还可以使幼儿保持愉悦的情绪状态。

2.反思讨论会。全体幼儿和老师共同参与，聚焦问题，进行讨论，鼓励每个孩子充分表达自己的见解，贡献想法，并尝试独立解决问题。让幼儿不断地在思考和表达中修复并完善自己的想法，进行深度的思考，不断建构新的心智模式。

3.活动播报。小班的孩子主要分享自己能做到的事情，这有利于激发幼儿的积极性和自信心；中大班的孩子与大家分享自己国家大事或身边趣事等。这种形式主要引导幼儿关心并了解周围的社会生活，丰富其社会生活经验，发展他们的社会认知能力。

二、从教师的预设转化为以儿童为中心

"以儿童为中心"是我们回归儿童本位、摒弃主观和"权威身份"，更多地从儿童视角思考问题。我们观察幼儿的兴趣爱好，就以此为切入点，循序渐进地开展学习活动。例如：

老师，今天星期几？

在签到环节中，小班的宣霖拿着自己的印章走到签到板前，犹豫地问："老师，今天星期几呀？"

老师没有直接告诉他，而是用反问的方式回答："你还记得昨天是星期几吗？"宣霖回答："昨天是星期二，我因生病请假了。"

老师又问道："昨天是星期二，那么今天是星期几？"

宣霖想了想回答道："今天是星期三。我就在星期三的签到表上盖章。"基于宣霖的问题，老师开展了"认识星期"的学习活动，让幼儿理解一周有七天，并学会星期一至星期日的循环性质。

黑匣子的故事

早上，陆柏儒播报了一则有关飞机坠机事件的新闻，瞬间引起了孩子们的关注。孩子们围绕"飞机为什么会发生事故？""黑匣子是什么？它有什么作用？""生活中有哪些黑匣子，它给我们带来哪些帮助？"进行

了一场关于"黑匣子"的反思讨论会。第二天，孩子们的兴趣依旧很浓厚："老师，我想设计一款可以帮助人的'黑匣子'，要怎么做呢？"于是，孩子们分成小组，分别对园长、阿姨、爸爸、妈妈、老师和其他小朋友展开了一场"黑匣子"特别行动……孩子们的活动就这样每日更新着。

这两个案例都展现了晨谈活动如何从幼儿的兴趣和视角出发，梳理和总结他们的生活经验，更好地促进了幼儿学习品质的提高。在此过程中，教师扮演着引导者的角色，做到"放手不放眼"。幼儿根据自己的需要和兴趣自主开展相关活动，增强了他们参与活动的积极性和自主性，从而真正实现了尊重儿童，以儿童为中心的教育理念。

三、从被动服从到自我管理

为了进一步赋权幼儿，增强教师与儿童的互动、对话和交流，体现教师与儿童之间的民主和平等，我园通过反思讨论会的形式，由儿童提出问题，大家共同讨论。引导儿童回忆已有的知识经验，帮助他们把零星的知识系统化。

例如：有一天，在接待环节中，几个小值日生抓耳挠腮，他们遇到了一些难题："李天乐：'小小，你怎么又没有做计划？'张浩翔：'都8:20了，小朋友们怎么还没有来，我还要站多久？'武靖荷：'鑫鑫，音乐都结束了，你赶紧到线线上集合啊！'……"

在反思讨论会中，小值日生们纷纷提出了自己的问题。这些问题怎么来解决？孩子们七嘴八舌地讨论着。经过激烈的讨论后，星宝们发现：音乐结束后还没有到晨圈线[①]上集合的主要原因有：1.迟到；2.在教室里吵闹；3.不会做计划。

针对这三种情况，我们展开了第二次讨论。在激烈的讨论后，幼儿们达成了以下约定：

---

① 此处的"晨圈线"是师幼早上班级晨谈活动坐的位置线称为"晨圈线"。

第一部分 集中VS开放：赋权儿童，重塑教育观、课程观

1. 迟到的约定：

① 来得早的小朋友将获得奖励贴纸；

② 大家晚上九点钟睡觉，早上七点钟起床；

③ 起床后快速穿衣、洗漱和吃早餐。

2. 在教室保持安静的约定：

① 看到安静标识图时，请自觉保持安静；

② 听到音乐，赶紧到晨圈线上集合。

3. 不会做计划的约定：

① 会的小朋友教不会的小朋友做计划。

② 回家后练习做计划。

通过反思讨论会，我们发现这样的"深度学习"给幼儿带来了以下几点好处：

1. 幼儿学会了整合身边的资源，形成了解决问题的策略。

2. 每一个幼儿都会建立独属于自己的知识系统，而不是我们统一规划和要求的知识系统。

3. 深度学习不仅指向当下，也指向未来的发展。短时间看学习似乎已经结束，但在学习中形成的学习兴趣、学习品质、学习方法、思维方式以及建构的世界观、人生观和价值观，会成为未来学习的坚实基础。

晨圈活动的园本化实践，让我们深刻领悟到幼儿的兴趣是课程的生发点。晨圈这样一个聚拢式的仪式，可以让教师和幼儿共同探究并解决生活中的问题和突发事件，从而让孩子们在共同探讨、思辨、评价和实践的过程中，培养良好的学习品质和综合能力。

第二部分 被动 VS 自主：环节融合，自主探究，优化一日活动质量

教育即生活，生活即发展。一日活动是儿童在幼儿园一天的全部经历。它是每个儿童在参与、体验和创造中利用环境自我更新的过程。因此，我们需要做的不仅仅是挖掘每个环节的教育价值，还要读懂平凡生活中所蕴含的教育价值，让普通行为成为儿童自我建构的基础。

环境和材料如何支架儿童的生活？

自主与规则、个体与集体的冲突如何协调？

在每个环节中，儿童需要建构什么样的经验？

如何最大限度地减少消极等待，给予儿童最大的自主性？

每次互动时，教师怎样给予儿童有质量的支持？

……

因此，对于儿童和教师来说，生活是一个宏大又微观的世界。每一次成长的建构，都是一个非常精细的过程。

一日活动六大环节的实施建议

目前，众多幼儿园的一日活动各个环节不仅细化繁多，而且很割裂，转换频繁。幼儿每天像"陀螺"一样围绕教师的"指挥棒"在不断转动。因此，消极等待和时间浪费的现象过多。高宽课程倡导：幼儿园的一日生活应为教师和幼儿提供所需要的连续性和可预知性，而且每个部分都有灵活性。幼儿能够在合理的限度内对一天中的任何一个部分做出选择，这会让幼儿对事物更有掌控力，树立主人翁意识，有助于他们个体独立性的发展。

因此，在"高宽课程"背景下，结合我园的实际情况和幼儿的游戏需求，我们进行了幼儿园一日活动的大融合，把幼儿园一日活动的各环节调整为欢迎时间、游戏时间、学习时间、运动时间、生活活动和欢送时间六大板块。每个板块里面又包含了不同的内容，互有交集又互不影响，内容更丰富和灵活。调整后的环节相比过去具有以下特点：

1.意愿度高，选择性强。其实，在每个环节中都包含了游戏（学习）、盥洗、餐点、如厕等过渡环节。不同的是这些环节的实施由老师和幼儿根据当前的需求去选择，没有明确的转换边界。

2.环境要求高，可操作性强。调整就是优化了教室环境和材料投放，营造了温馨开放、浪漫自主的氛围，把每个环节的行为常规和要求渗透其中。既尊重教师和幼儿的意愿，又具有高度的灵活性和可操作性。在实践

开放　自主　共生——幼儿园一日活动"嬗变"与"整合"

的过程中，幼儿不会感受到缓慢或仓促，他们拥有更多的自主性，会感受到安心和更有力量。

3.教师主导性、幼儿自主管理增强。每个环节的实施过程就是幼儿进行自我评价、不断地调整行为准则、自我经验建构和提升的过程。幼儿通过反思讨论会、各项任务和回顾等环节，不断地发现问题，并解决问题。这不仅可以培养幼儿自由选择和自主管理的综合发展能力，更能提升班级自主管理的效能。

在《3-6岁儿童学习与发展指南》的指导下，我们融合了主动性学习的教育理念，创建了我园一日活动组织实施的"135"支架模式（如图1所示）。该模式紧紧围绕"打造自由开放、融合共生的一日活动"的课程目标，以"计划—工作—回顾"的学习模式，用主动性学习的"材料、选择、操作、儿童语言思维以及成人的鹰架"五要素来保障六大板块的组织与实施。

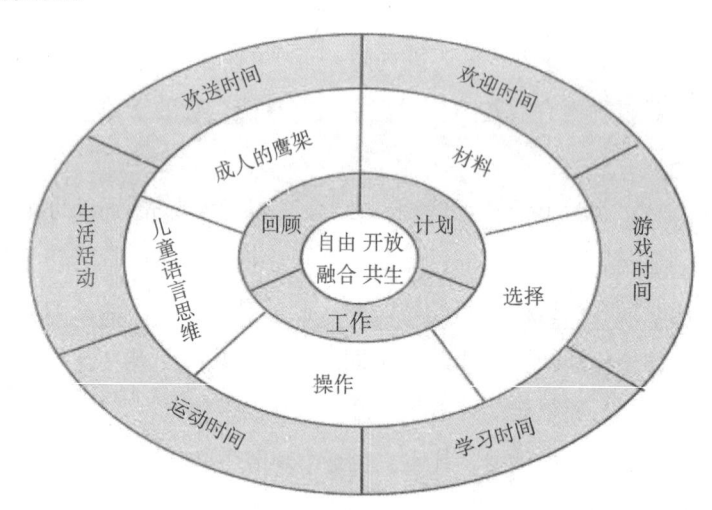

图1　"135"支架模式

第二部分　被动 VS 自主：环节融合，自主探究，优化一日活动质量

欢迎时间
——开启幼儿美好的一天

【我们的思考】

欢迎时间是幼儿园一日生活的美好开始。和谐的精神环境有利于幼儿心理建立安全感，产生愉快的心理感受。因此，老师要"以理解、尊重和接纳的态度对待每一位幼儿"。同时，为了使幼儿感受到支持、关心和接纳的良好氛围，老师需要为幼儿努力创设这样的氛围，让幼儿能够在愉悦幸福的体验中开始他们的一日生活。

【活动概览】

欢迎时间是幼儿美好一天的开始，在这个时间里，通过问候、计划、晨谈等活动，幼儿与教师、集体建立了链接，这有利于培养幼儿的归属感、价值感以及做事的秩序感和责任感，让他们对这一天的活动充满期待。具体内容包括：

（一）晨间接待

老师用充满温暖、慈爱、热情的拥抱或别具一格的打招呼方式开始新的一天，并通过真挚的肢体语言传递对孩子们的爱："×××小朋友，老师欢迎你！"老师可以使用握手、击掌、拥抱、碰拳和鞠躬等方式。

晨检是幼儿安全进入园所的重要环节。严格的晨检可以防止传染病进

入班级，帮助幼儿养成良好的卫生习惯，如勤洗澡、换衣服，不留长指甲，每天早晚刷牙和饭后漱口等。防止幼儿携带危险物品进入园所，对潜在的风险实现预测和防范。

（二）幼儿签到

来园签到可根据幼儿的年龄特点，通过操作体验让他们获得归属感。同时，还渗透了幼儿的前书写教育、日期和时间的认知、时间观念教育、数学的统计、一一对应和社会情感表达等内容。

（三）自我服务

幼儿照料自己生活的一种简单劳动，包括穿脱衣服、整理用具、盥洗和如厕等。对不同年龄阶段的幼儿，自我服务提出的要求也有所不同。

（四）计划预约

幼儿决定自己今天要做的事情，可以通过区域选择和制订计划书等形式自主决定游戏内容。

（五）晨圈活动

在自主游戏之前，幼儿集中注意力进行活动预告和经验讨论。内容包括：线上游戏、集体问好、点名游戏和晨谈活动。

【环境准备】

图1　　　　　　　　图2　　　　　　　　图3

第二部分　被动 VS 自主：环节融合，自主探究，优化一日活动质量

图4 　　　　　　图5 　　　　　　图6

（一）晨间接待

接送卡、卡盒、机器人、测温仪、一次性口罩、手套、晨检记录表、笔。

（二）幼儿签到

姓名印章、水彩笔、勾线笔、签到表、测温仪。

（三）自我服务

水杯架、儿童衣架、口罩、测温仪。

（四）计划预约

小班：星期日历、电子表、计划纸、水彩笔、姓名印章。

中大班：日历、电子表、钟表、室内温度计、水彩笔、素描本、计划筐。

注：在中大班活动室的每一个区域，我们都提供了日历和钟表，方便幼儿准确地填写计划纸上的时间。

（五）晨圈活动

班级晨圈线、幼儿姓名卡、日历、轻音乐、谈话的思维导图。

【常规要求】

（一）幼儿常规要求

表1　幼儿常规要求

项目	小班	中班	大班
晨间接待	1. 愿意向老师鞠躬问好； 2. 在值班老师的提醒下与家长道别； 3. 自主进行测温和手部消毒； 4. 排队接受保健医生晨检； 5. 自主进入班级	1. 主动向门口接待老师鞠躬并大声问好； 2. 主动与老师问好，与家长愉快道别； 3. 自主进行测温和手部消毒； 4. 自觉排队，主动接受保健医生的晨检，能回答保健医生关于身体状况的询问； 5. 自主有序地进入班级	1. 主动向门口接待老师鞠躬并大声问好，自行测量体温； 2. 主动与同伴、老师问好，与家长愉快道别； 3. 自主进行测温和手部消毒； 4. 自觉排队，主动接受保健医生的晨检，并能够将身体不舒服的感觉告诉保健医生； 5. 自主有序地进入班级
幼儿签到	1. 幼儿来园后，到班级的印章盒内拿出自己的姓名印章和天气印章； 2. 在签到表上印出自己的名字和天气标志； 3. 将自己的姓名印章放回印章盒； 4. 学会看日历，并与老师一起使用星期问好	1. 幼儿来园后，在签到桌上取水彩笔和签到表； 2. 在签到表上找到自己的姓名，使用学号进行签到； 3. 能够看懂日历和电子表，并将相关信息记录在计划纸上	1. 幼儿来园后，在签到桌上取水彩笔和签到表； 2. 在签到表上找到自己的姓名，书写自己的名字进行签到； 3. 用测温仪测量自己的体温，并将体温填写在表格中； 4. 能够看懂日历和电子表，并将相关信息记录在计划纸上
自我服务	1. 幼儿可以主动请求老师帮助穿脱衣物，并将自己的衣物挂在自己的挂衣钩上。若有幼儿提出请求，可以引导性地帮助幼儿； 2. 将水壶整理好，放置在水杯架上； 3. 整理毛巾，并摆放口杯	1. 幼儿尝试自己穿脱衣物，老师可以提醒幼儿寻找同伴帮助； 2. 将自己的水壶按标识摆放好； 3. 整理毛巾，摆放口杯，并擦拭桌面	1. 幼儿自己穿脱衣物，并将衣物挂在自己的挂衣钩上； 2. 整理好自己的水壶，并按男女水杯架的标识放好水壶； 3. 整理毛巾，摆放口杯，并擦拭桌面。此外，还包括门口接待和监督员等工作

第二部分　被动 VS 自主：环节融合，自主探究，优化一日活动质量

续表

项目	小班	中班	大班
计划预约	1. 利用天气印章和姓名印章完成签到记录； 2. 完成计划后将计划板夹、印章、水彩笔放回计划盒内	1. 在计划纸上用数字记录来园时间，并用符号画出天气状况； 2. 用图示画出区域游戏计划； 3. 做完计划后请老师检查，并将计划纸送回	1. 在中班的基础上，增加了观察天气与温度之间的关系； 2. 学会看钟表记录时间，做好游戏计划书，并用连贯的语言向成人或同伴描述自己的计划； 3. 做完计划后，将计划纸送回
晨圈活动	1. 愿意参与比较简短的谈话活动，并能够保持稳定的情绪； 2. 能够听、说普通话，愿意大胆表达自己的想法和期望； 3. 注意倾听教师和同伴的讲话，并能够根据教师的提问回答问题	1. 积极参与谈话活动，喜欢用语言与他人分享和交流； 2. 能够大胆表达，并能够运用语言比较完整地讲述； 3. 能够耐心倾听教师和同伴的讲述，等别人讲完后再表达自己的观点； 4. 能够基本围绕主题进行谈话	1. 积极参与晨间谈话的过程，养成乐于用语言交流和分享的习惯； 2. 能够比较流畅地运用口语表达自己的想法，语言清晰且完整； 3. 养成较好的倾听习惯，轮流发言； 4. 能够围绕中心话题开展讨论，并勇于提出问题和质疑不同的观点

（二）教师常规要求

表 2　教师常规要求

项目	值班教师	配班教师	备注
晨间接待	1.7:30—7:50 做好来园五步曲的工作； 2.教师在教室门口用不同的方式（握手、拥抱、击掌等）热情接待幼儿，并互相问好； 　7:50—8:00（大班） 　8:00—8:10（中班） 　8:10—8:20（小班） 3.教师需做好幼儿的晨检工作，观察幼儿的精神状态和身体状况。如发现异常，应立即了解原因并妥善处理； 4.观察幼儿的选区情况，并提醒个别幼儿进行选区； 5.教师站位：教室门口	1. 7:30—7:50 做好来园五步曲的工作； 2.生活老师将已消毒的口杯和毛巾摆放在固定位置，供幼儿进园后使用； 3.与孩子们热情问好，并提醒他们进行自我服务，如挂外套和放好水杯； 4.教师站位：生活教师在衣帽间和盥洗室；配班教师在教室区域里面	1.所有人员应该在到岗前十分钟做好个人防护工作； 2.教师的指导策略及关注要点： ★小班幼儿： 教师应该采用多种方式来安抚情绪不稳定的幼儿，并关注他们是否能够大方地与他人打招呼，是否愿意表达自己的愿望和需求； ★中班幼儿： 教师需要关注幼儿是否具有良好的卫生习惯，能否积极回别人的问答，是否关注同伴的情绪； ★大班幼儿： 教师应该关注幼儿是否具备基本的生活自理能力、文明的语言习惯以及是否能够关注别人的情绪需求，并给予力所能及的帮助

第二部分 被动 VS 自主：环节融合，自主探究，优化一日活动质量

续表

项目	值班教师	配班教师	备注
幼儿签到	1. 教师指导幼儿进行自主签到，其中小班幼儿需要盖上姓名印章，中班幼儿需要找到对应学号并在姓名后画勾或写上学号，大班幼儿需要写上姓名和体温； 2. 对于已经完成自主签到的幼儿进行表扬和鼓励； 3. 提醒并纠正个别幼儿写字姿势不正确的问题； 4. 教师需要做好幼儿签到情况统计表的记录工作； 5. 在完成签到后，提醒幼儿有序进入教室； 6. 教师站位：教室门口	1. 指导小值日生开展值日工作，包括日历的更换和佩戴值日牌； 2. 提醒幼儿签到完成后进入教室，按照计划有序进行活动安排； 3. 教师站位：衣帽间门口	1. 教师应提醒幼儿要快速完成签到，养成节约时间的好习惯； 2. 已完成签到的幼儿应该抓紧时间尽快进入教室，避免在楼道外面逗留； 3. 教师可以根据幼儿的签到情况，进行当天的情况分享，并对有进步的幼儿进行表扬和鼓励
自我服务	1. 为幼儿创设有准备的环境，中、大班幼儿可以自主选区，而小班幼儿则需要在教师的监督下进行选区，以避免出现多选、漏选或调换他人区域卡的情况； 2. 教师站位：教室门口和移动至衣帽间区域	1. 教师应该观察记录幼儿在完成自我服务的过程中出现的各种情况； 2. 对于个别能力较弱的幼儿，教师应该进行指导，帮助他们挂好衣服，并整理衣帽间的外套和物品（教师应该根据幼儿的年龄特点及所要达到的生活技能指标制订观察计划和评价表格，在幼儿完成自我服务的过程中做好记录）； 3. 教师应该提醒幼儿，在完成自我服务后及时选区； 4. 这项工作主要由生活教师负责； 5. 教师站位：衣帽间和盥洗室	1. 教师可以请幼儿对于自我服务能力较弱的同伴提供一对一的帮助； 2. 教师在整理衣帽间幼儿的衣物时应该拍照，并将照片留给值班教师在晨谈时进行表扬和讨论； 3. 对于小班幼儿，可以请早到园的值日生进行当天值日工作。教师应该引导幼儿根据自己的优势或兴趣进行选择；对于中、大班幼儿，应该在前一天离园时进行值日生工作的选择。教师应该提醒值日生制订任务计划并按时完成任务

续表

项目	值班教师	配班教师	备注
计划预约	1. 指导幼儿完成计划：根据计划纸的内容，教师应该制定检查记录表格，并提醒幼儿在完成计划后请老师进行检查。对于幼儿画出来的不正确的记录符号，教师应该及时进行纠正和记录； 2. 集体讲解计划内容：教师应该对于计划内容进行集体讲解，鼓励幼儿通过观察并说出自己的理解。对于幼儿的回答，教师应该进行指导，并让幼儿进行集体复述，某些幼儿需要复述计划内容； 3. 当幼儿在做计划方面取得进步时，教师应该及时给予鼓励和表扬，并将其作为榜样，让大家分享自己的计划； 4. 教师站位：教室内的各个区域	1. 指导负责区域的幼儿做好计划，并观察幼儿计划的正确性； 2. 提醒幼儿完成计划后将自己的计划板送回计划筐内； 3. 对于做计划较慢的幼儿，教师应该引导他们抓紧时间完成计划，并且解决幼儿在做计划中遇到的问题； 4. 教师站位：教室内的各个区域	1. 教师可以邀请计划做得快的幼儿担任小老师，负责进行计划检查工作； 2. 对于在做计划中遇到困难的幼儿，教师应该进行一对一的帮助和辅导； 3. 对于做计划中出现的共性问题，可以在当天晨谈活动中进行及时的分析和讨论

第二部分　被动 VS 自主：环节融合，自主探究，优化一日活动质量

续表

项目	值班教师	配班教师	备注
晨圈活动	1. 线上游戏 根据本班幼儿的年龄特点和班级课程内容，老师制定了线上游戏，并使用趣味游戏将幼儿快速集合到晨圈线上，小班游戏包括律动、感统、情景式和动物模仿等；中大班游戏包括拉火车游戏、学动物走和三三两两做游戏等； 2. 集体问好 根据班级特色，选用幼儿喜欢的方式问好。小班使用欢迎歌和鞠躬礼问好；中班使用排队成小火车、扮演动物以及与喜欢的朋友问好。大班使用鞠躬礼、国学礼和拥抱问好； 3. 点名游戏 根据幼儿的年龄特点和课程进度，设计了自己班的点名游戏。小班使用照片卡进行点名，游戏形式包括动物、律动点名，转圈圈和点学号等；中班使用学号卡点名，游戏形式包括单数、双数和倒数等形式；大班使用名字卡点名。点名后，播报员进行班级幼儿数量的统计，如今日应到*人，实到*人，请假*人； 4. 晨谈活动 （1）使用思维导图记录幼儿谈话的要点，帮助幼儿整理谈话思路和内容； （2）随时注意幼儿对谈话内容的兴趣和理解程度，及时调整话题或谈话方式； （3）注意倾听每一名幼儿的发言，并选择适宜的方式给予积极的回应； （4）引导幼儿在集体中注意听教师或其他人讲话，并按顺序轮流发言，不随意打断别人； （5）帮助幼儿总结谈话中的要点，并鼓励他们将其运用到实践活动中； 5. 预告半日活动 帮助幼儿熟悉半日活动的流程和安排，让幼儿顺利从一个常规中的环节过渡到下一个环节。预告内容包括精彩的特色活动、户外活动和区域活动等；	6. 配班教师协助值班教师进行晨谈活动，记录谈话内容和拍照。照顾个别需要如厕的幼儿，并维持活动中幼儿的秩序	1. 教师进行多样化的线上游戏，以激发幼儿的兴趣； 2. 在幼儿熟悉班级中其他幼儿的姓名后，可以适当选择幼儿担任小老师，进行点名活动； 3. 教师与幼儿每天的晨谈活动内容可以根据班级当时的情况适当调整，及时与幼儿进行谈话； 4. 在晨圈活动中，教师可以根据谈话内容，让幼儿使用思维导图进行记录，并进行展示分享

（三）特别说明

1. 教师来园"五步曲"：

（1）做好室内卫生消毒工作；

（2）准备签到所需的各项材料和工具，例如日历、统计表、温度计和签章等；

（3）做好室内区域材料的投放和调整，检查室内区域选用卡和计划本等准备工作；

（4）检查户外区域手环是否齐全；

（5）布置户外游戏场地，投放相关材料，并进行场地安全检查。

2. 小值日生：

（1）提前到岗，佩戴值日牌，并了解值日内容；

（2）摆放好小水杯并挂好小方巾；

（3）整理活动室物品和打扫卫生，如照顾植物和擦桌子；

（4）在教室门口做好小礼仪，迎接班级小伙伴；

（5）检查各区域计划用品是否摆放到位。

3. 值周小礼仪：穿着园服，戴着礼仪丝巾，每天早上提前5分钟来园，下午提前5分钟到达大厅门口。

（1）礼仪站姿：小女生需要双手交叉放在肚子前，两脚合并；小男生需将双手握拳背后，两脚分开。面带微笑，洪亮地说"早上好"，来欢迎每一个小朋友；

（2）使用不同方式欢迎小朋友的到来，例如击掌、拥抱、鞠躬、握手等，通过小动作帮助同伴开启美好的一天；

（3）帮助那些情绪不稳定的幼儿进入班级。

第二部分　被动 VS 自主：环节融合，自主探究，优化一日活动质量

【成人鹰架支持】

支架一　亲密接触——接待问好

晨间接待"问好"这一环节是一日生活的起始环节，也是老师和孩子一天中的第一次亲密接触。它有助于建立友好和善意的关系，有利于帮助孩子建立安全感和归属感。

例如，嘟嘟因身体不适而多日没有来园。当他和他的妈妈来到教室门口时，老师首先询问他的情况："哦，是嘟嘟来了啊！几天不见，我们都很想你。现在身体好了吗？"虽然嘟嘟一言不发，但是老师还是向他传达了善意和关心。嘟嘟的妈妈告诉老师，他的病情已经好转，只是麻烦老师提醒他多喝水。老师则安慰道："没关系，您就放心吧！"

此时，老师可以用更亲密的方式来缓解嘟嘟的情绪，让他感受到安全和受欢迎。老师朝嘟嘟轻声说："几天没见，你想老师了吗？跟老师说句悄悄话好吗？"然后给了他一个大大的拥抱，让他感受到老师的真情和热情。老师还会鼓励其他小朋友向嘟嘟问好："嘟嘟早！""小朋友早！"这样，在同伴的问候声中，他自然、愉快地回应着。很快，他就加入到大家中一起玩耍。

对于嘟嘟这样几天没上幼儿园、情绪有些不稳定的幼儿，老师应该给予更多的热情和关注，让他们感受到自己是受欢迎的。老师可以通过拥抱、悄悄话等亲密的方式来快速拉近师生之间的距离。同时，在同伴的支持下，孩子们可以体验集体生活和游戏的乐趣，建立起愉快的情绪和积极的心态。

支架二　转移注意——幼儿情绪不稳定

在幼儿来园时，教师可以主动抱抱、亲亲孩子，以建立亲密且可信赖的关系。同时，选择孩子感兴趣的事物吸引他们的注意力，使孩子与老师进一步自由、愉快地交流，循序渐进地引导幼儿主动与老师、同伴问好，

积极愉悦地参与活动。

当某个孩子出现情绪不稳定的情况时，教师应该采取转移注意力的策略。例如，当小西因为离开家而情绪化时，教师告诉她有两条小金鱼等着她来喂食。这样，孩子的注意力就会逐渐从负面情绪转移到积极的行为上来，哭声也逐渐平息下来。这个时候，教师可以与孩子们来到自然角，让小西拿起鱼食喂小鱼，并与其他小朋友交流互动。在这样轻松愉悦的环境中，小西也开始逐渐开朗起来。

对于那些内向、胆怯的孩子，更需要营造一个温暖、宽松的环境，以形成安全感和信任感。对于这类孩子，教师应该给予更多的关怀和细致的照顾，鼓励他们与他人进行互动和交流，帮助他们逐渐融入集体中。

支架三：适时支持——做计划

在幼儿制订计划时，老师需观察他们的行动，及时为他们提供引导和支持（包括言语、环境和材料等方面），指导幼儿成功地完成计划。

今天，我将制作好的计划模板放在电脑屏幕上。刘梓辰拿着计划板在教室里走来走去，转了五分钟之后便站在那里不动了。我走过去问他："你在寻找什么呀？"他回答："我忘记今天是几月几日了。"我告诉他："在屏幕中间，看看是否有日历呢？"仅仅一眼，他就找到了电脑上的计划模板，然后坐在自己的座位上开始制订计划。在填写日期时，他按照模板上的样式进行了书写。因为孩子们并没有被提前告知日期模板位置，所以在短短的十五分钟内，我意识到班上有百分之三十五的孩子无法记住当天的日期和星期。

为此，教师将计划模板显示在电脑屏幕上，日历卡片放置在各个区域中，方便孩子们在制订计划时观看。我们还可以通过游戏的方式，让幼儿找到日历放置的位置，从而激发他们制订计划的兴趣。当幼儿们成功制订完计划时，老师要及时地给予鼓励和表扬，并将他们作为榜样，与所有人分享自己的计划。

第二部分　被动 VS 自主：环节融合，自主探究，优化一日活动质量

支架四：任务明确——值日生

值日生的角色有助于幼儿学习自我服务技能，培养基本的生活自理能力，以及按照要求与标准完成自己的任务，激发幼儿的光荣感和使命感。在小班下学期，我们开展了"值日生"的工作。

今天是王子小朋友当值日生。早上来园后，他拿着抹布去擦娃娃家的柜子，将柜子里的物品整理得井井有条。然而，我检查值日生工作却发现娃娃家已经没有他的人影。我检查了娃娃家的柜子，只发现第一层柜子较为干净整洁，而第二层和第三层根本没有整理。相反，王子小朋友却在图书区整理图书。另一个孩子玥玥正在植物角浇花，浇了3盆花后又去玩具区了。

针对值日生工作任务不明确的问题，孩子们在反思讨论会上提议采用以下方法：首先，值日生需要在来园后选择工作牌，然后去完成工作，并且在完成后根据要求将相关工作在值日生工作卡上打勾，最后去帮助其他值日生。这种方法可以增强幼儿积极参与劳动和为他人服务的意识。此外，由于工作内容清晰、目标性强，孩子们可以更好地完成各项任务。我们将不断完善孩子们的值日生工作。

【案例分享】

案例一　我的计划我做主（小班）

小钰是一位内向的小女孩。她早上开心地来到幼儿园完成自我服务后，便来到晨圈线上。

老师提醒说："小钰，请签到。"

听到提醒后，小钰到材料区拿取签到所需的材料，包括签到纸、姓名印章和水彩笔，然后走到自己的位置。她回过头问："老师，今天星期几？"

我回答："今天是星期二，找到两个横的二。"

接着，小钰一只手拿着板夹，另一只手握着姓名印章，指着星期二的位置问道："是这个吗？"我点点头，她便盖上姓名印章，并回过头看

着我说:"今天是多云的天气。"我点点头后,她转身开始在签到纸上画天气情况。一分钟后,她眉开眼笑地走到我跟前,说:"老师,你看,我画了一个恐龙云!"其他孩子听到后也跑过来看杨浩钰这一"重大创举"。在小钰的引领下,班里的其他孩子也开始天马行空地进行各种多云天气的创作!

为了发挥幼儿的想象力并增强动手操作能力,教师让孩子们用水彩笔进行天气的绘画。这样既能锻炼孩子的观察能力,也能将孩子们的想象力落实到笔尖。

案例二 糖纸风波(小班)

自从孩子们适应了幼儿园生活后,为了正常开展各项活动,我们禁止孩子从家中带零食入园。可是最近,孩子们时常带零食入园,不经意间,教室里的这个角落或那个角落就会出现一张、两张糖纸或一堆果壳。

早上,小朋友们陆陆续续来到幼儿园,他们各自走到自己喜欢的区域里玩耍,玩得认真且开心。收拾区域时,我发现拼图桌子下面竟然有一些花生壳,就顺手拍了照,并在晨圈活动时将这一现象作为今天的话题与小朋友们进行了讨论。

我问小朋友们这是谁扔的?曾经玩过拼图的几个小朋友都说不是自己扔的。这时,班级的"百灵鸟"开口说话了:"老师说过的,我们不能乱吃零食,也不能把垃圾丢在地上。"我接着说:"雯雯讲得真好,那我们看见果壳在地上应该怎么办呢?""捡起来,扔进垃圾桶里。"几个孩子边说边弯腰捡起垃圾。我及时表扬了孩子们:"小朋友们真懂事,我们应该保持环境卫生。"在说话的时候,我有意识地观察刚刚在拼图区玩过的孩子,发现童童有些尴尬和不安。我走过去,若无其事地对她说:"童童,老师说得对不对?"童童认真地点了点头。我知道,经过这次教育,她应该懂得了这个道理,我的包容也会让她理解教师的用心。其他孩子也从这次谈话中明白自己以后应该怎么做。

第二部分　被动 VS 自主：环节融合，自主探究，优化一日活动质量

案例三　笑起来真好看（中班）

点名环节开始了，小朋友们刚刚结束游戏，落座后还在兴奋地交谈着。老师说："请大家坐好，我要点名了。"我看向孩子们，但他们的表情有些不知所措。于是，我灵机一动，考虑是否能够换一种方式进行点名。试探地说："今天，老师不用口头点名了，而是要用眼睛点名。"孩子们脸上既疑惑又好奇，仿佛在问"眼睛怎么会点名呢？"我面带微笑地回答："老师会盯着你的眼睛看，对你微笑，这就是在点你的名字。然后你也可以对着我笑一笑，就像在向我回应一样。这样可以吗？"小朋友们都开心地回答"好"。我依次看着每个孩子，我对晨曦微笑，她也对我微笑；我看着兴宇笑，他也咧着嘴对我笑。我说："小朋友们笑起来真好看，老师最喜欢爱笑的小朋友了。"此时，孩子们听了都笑得更开心了。我没想到用这么简单的方式让孩子们略微改变了一点，他们每天早上都会笑盈盈地与大家打招呼，小脸上总是挂着微笑。

案例四　小眼睛大发现（大班）

片段一：新的学期开始，幼儿计划版本有了新的变化。孩子们拿着计划纸，纷纷开始讨论。其中有孩子说："这个和中班的计划不一样了。"有孩子表示："你看，这上面的表我家也有（他指着温度计说）。"，还有孩子说："这个表下面是不是要写我们的体温呢？"（同时将自己的体温 36.5℃写在了温度计下方）

片段二：听了孩子们对计划的讨论后，我将所有幼儿集合起来，让大家一起讨论："如何完成大班的计划表？"一些孩子说："大班和中班的计划表差不多，就是多了一个我不认识的表。"有孩子提醒："我一来就将时间写上，否则一会儿就忘记了。当我再去看时间的时候，它就变了。"还有孩子表示："我把会写的提前写完，这个（指着温度计）不会写，我就先留空。"听完孩子们的问题后，我向所有孩子讲解了温度计。为了缩短制订计划的时间，我们重新开展了讨论，最终决定每个孩子到了后先将

看到的时间和温度填写上，这样就不会因为在教室里来回看温度而浪费做计划的时间了。

片段三：第二天制订计划时，有三分之二的幼儿主动去看了时间和温度，并在第一时间填写了这两个信息。另外三分之一的幼儿未能主动关注时间和温度。基于上述情况，在分享环节中，我让做对的孩子与其他孩子分享自己的经验，希望能够帮助那些不会制订计划的孩子。

在这个活动中，教师能够认真听取幼儿关于计划纸的新发现，并观察幼儿在整个活动中的表现。再针对幼儿在做计划时所遇到的常见问题，例如不认识温度计、难以记住正确的温度和时间等方面，教师与孩子们展开了讨论，听取孩子们的描述，共同分享孩子们的具体做法，最终大家共同找到了解决问题的最佳方法。

【教师心语】

欢迎时间是需要老师用心去做的。只有用心，才能够敏锐地感觉到每个幼儿的情绪，掌握幼儿的身体状况。只有用心，才能让幼儿在很短的时间内打开心扉，快速地融入班级。这个短暂的时间蕴含着教师的智慧，体现着教师的教育艺术。

——带班老师　杨蓓　教龄 2 年

欢迎时间从零距离开始。我用亲切的态度、温和的语言、温暖的拥抱和甜蜜的微笑唤起孩子们积极的情绪，开启一天的学习和生活。

——配班老师　常雯丽　教龄 3 年

欢迎时间虽然很短暂，但活动内容却非常丰富。它能够培养幼儿的自我服务意识，使幼儿养成良好的行为习惯，帮助幼儿形成积极的情感。

——副配老师　王静　教龄 3 年

第二部分　被动 VS 自主：环节融合，自主探究，优化一日活动质量

运动时间
——迎着风儿奔跑

【我们的思考】

户外活动是幼儿最喜欢的活动。它为幼儿提供了自由感，使他们可以放开手脚，释放心灵。本园根据这一特点，建立了"自由、安全、趣味、挑战"的全域化户外场地，支持幼儿在游戏中自由、自主地参与。同时，能够创造性地丰富幼儿自身的经验，从而提高幼儿的自主探索能力和身体运动技能，促进幼儿多元化发展，充分展现他们童真的一面。

【活动概览】

本园的游戏课程采用了星际 PA 游戏。这个游戏是儿童游戏的聚会，包括室内场馆体验游戏和户外自主游戏。其中，运动时间是我园的户外自主游戏环节。

本园的户外面积共达 3780 平方米，并被划分为五大空间：星球广场、水星湖、火星岛、金星堡和木星园（如图 1 所示）。

开放　自主　共生——幼儿园一日活动"嬗变"与"整合"

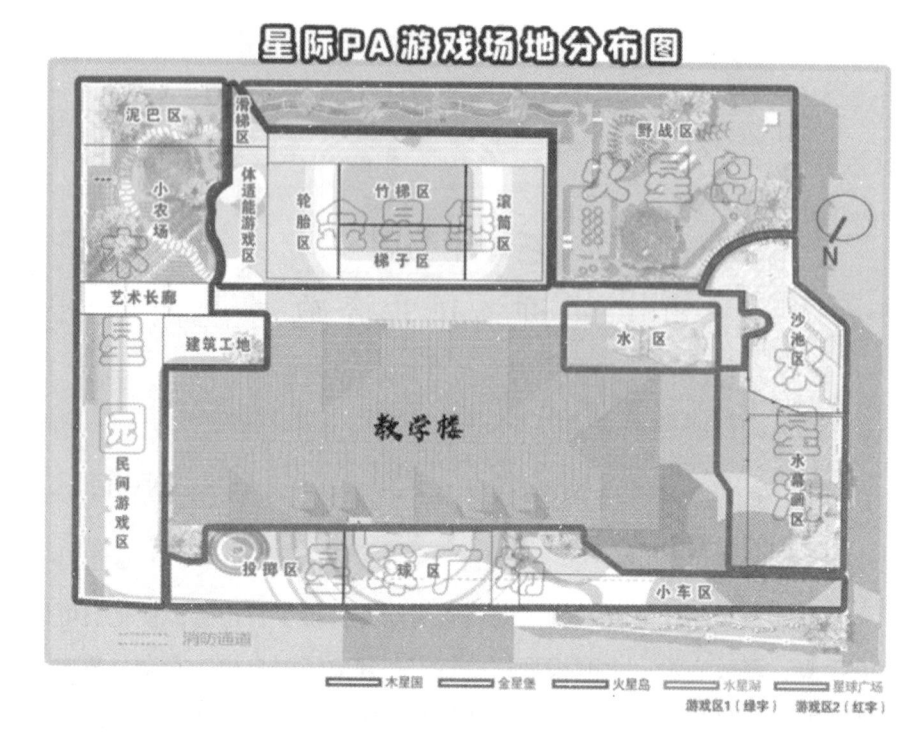

图1

这五大空间包含体能运动和主题游戏两种分类，共分为18个活动区。体能运动区域根据器械分为七个区域：梯子区、滚筒区、轮胎区、民间游戏区、投掷区、球区和小车区。主题游戏则包括了十个区域：水幕画区、沙区、水区、野战区、天桥区、小农场、泥巴区、艺术长廊、滑梯区和建筑工地。

活动形式分为全园混龄游戏和班级游戏两种形式。

【环境准备】

一、空间环境

1.6s 标识牌：区域名称、材料和各活动区负责人标识。

第二部分　被动 VS 自主：环节融合，自主探究，优化一日活动质量

平衡区

负　责　人：郭××
　　该区域的游戏规则、材料的填充、6s 的标识、幼儿故事的记录、活动的设计与组织。

安全责任人：卫××　　排查该区域是否有安全隐患；材料摆放是否整齐、干净；地面、架子、物品是否干净。

图 2

材料	数量	材料	数量	材料	数量
	蓝色8个 红色8个 黄色8个 橙色8个 紫色8个 绿色8个		蓝色2对 黄色2对 绿色2对 红色2对		1件
	蓝色1个 红色1个		10件		5件
	4个		1件		白色4个 红色1个 黄色10个
	红色5辆 黄色5辆 绿色5辆 蓝色5辆		2件		绿色2个 红色1个 蓝色2个 黄色1个

图 3

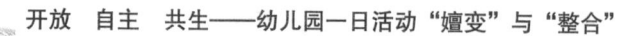

2. 手环：不同区域使用不同颜色的手环。

图4

3. 区域间的隔离带。

图5

第二部分 被动 VS 自主：环节融合，自主探究，优化一日活动质量

二、材料投放

表1 体能运动类

区域	主材料	辅助材料
梯子区	◆平衡板 ◆竹梯 ◆平衡木	◆小型平衡板 ◆小推车 ◆竹高跷 ◆充气金箍棒 ◆平衡触摸板 ◆呼啦圈 ◆拱门 ◆小滚筒 ◆助跳器 ◆垫子 ◆袋鼠跳跳袋 ◆抖球玩具盒子 ◆红绿灯 ◆接力棒 ◆拉力绳 ◆终点线 ◆秒表 ◆轮胎 ◆弹弹圈 ◆小丑嘴巴 ◆动物纸篓 ◆可乐瓶制作的垂钓物 ◆粘粘衣 ◆圆筒或可乐瓶制作的接杯 ◆投壶 ◆铁丝制作的圆圈 ◆篮球架 ◆流动目标的小背篓 ◆做固定目标的投篮/投箱 ◆动物纸篓 ◆投球分数把 ◆地面靶盘 ◆障碍物 ◆直线 ◆曲线 ◆障碍物 ◆标志盘 ◆标志桶 ◆标志杆 ◆记录板 ◆塑胶圈 ◆塑料管子（可用作输油管子）◆打气工具、洗车工具 ◆行车路线、斑马线、交警指挥 ◆红绿灯指示牌 ◆隔离桩 ◆起点、终点标识图 ◆轮胎 ◆交通信号灯 ◆交警服装
滚筒区	◆滚筒	
轮胎区	◆轮胎	
民间游戏区	◆跳绳 ◆铁环 ◆沙包 ◆竹竿	
投掷区	◆沙包 ◆软球 ◆布制作的飞盘 ◆飞镖 ◆刺猬球	

续表

区域	主材料	辅助材料
球区	◆篮球	◆伸缩连接杆 ◆PVC橡胶路锥 ◆防护工具（头盔、护膝、护肘）◆套圈 ◆沙包 ◆揪尾巴 ◆雪糕筒 ◆儿童跨栏 ◆跳跳带 ◆彩虹伞
小车区	◆三轮车 ◆小汽车 ◆平衡车 ◆坡道	

表2　主题游戏类

区域	主材料	辅助材料
水幕画区	◆水幕画画板 ◆形式多样的画架 ◆颜料 ◆画笔	◆ 工具类：剪刀、胶带、喷壶、美工刀、印台、大刷子 ◆ 画夹、相机、水桶、夹子、毛线、树枝、木桩、瓶子和盖子、挤压瓶、泥土、橡皮泥等； ◆ 各类自然物，如鹅卵石、枯树枝、石子、豆类种子、蔬菜、水果、各种叶子； ◆ 各类自制涂鸦工具：滚轮
沙区	◆质地松软、易于塑形的细沙	◆ 小水桶、铲子、竹筒、漏斗滤沙器、小棍、小推车等玩沙工具； ◆ 可以做各种造型的模具； ◆ 周围有可利用的小木棒、树叶、野草等自然材料； ◆ 各种管子、木板等材料

第二部分 被动 VS 自主：环节融合，自主探究，优化一日活动质量

续表

区域	主材料	辅助材料
水区	◆阿基米德取水器 ◆亿童材料 ◆戏水压水机	◆ 沙铲、沙耙、直管、软管、模型； ◆ 小水桶、水杯等玩水材料； ◆ 水枪等可吸水、喷水的玩具； ◆ 可用于在水渠上搭桥的木板、梯子等； ◆ 各种管子材料
野战区	◆ 各类手枪 ◆ 报纸炸弹 ◆ 军用马甲 ◆ 急救医用箱 ◆ 推车 ◆ 梯子 ◆ 帐篷	◆迷彩网 ◆地垫 ◆轮胎 ◆大纸箱 ◆绳子 ◆护士服 ◆手榴弹 ◆地雷
天桥区	◆爬龙 ◆小木房 ◆穿越火线	◆望远镜 ◆鸟窝和鸟蛋 ◆藏宝图 ◆宝盒
小农场	◆菜地	◆ 围裙、厨师帽； ◆ 桌子、桌布、小椅子； ◆ 厨具、餐具； ◆ 工具类：小水桶、洒水壶、小铲子、小铁锹； ◆ 置物类：竹篮子、耙、竹筛、竹筐、竹笠

续表

区域	主材料	辅助材料
泥巴区	◆储存泥巴的大缸 ◆稀泥地 ◆涂抹墙 ◆洗手池	◆ 挤的材料：三角塑料袋、裱花嘴、针筒、尖嘴塑料瓶等； ◆ 敲的材料：木榔头、布袋、木质圆柱体积木等； ◆ 挖的材料：铲子、勺子、自制挖泥勺等； ◆ 压的材料：筷子、薯片桶、铅笔、擀面杖、PV管、树枝、泡沫垫等； ◆ 筛的材料：筛子、纱窗、塑料小箩筐、自制塑料筛子等； ◆ 涂抹的材料：抹泥板、棉质滚筒、丝瓜筋、木质积木、长凳子、大面积墙面等； ◆ 挖运的材料：小扁担、自制运泥袋、饮料瓶、小桶、PV管、宽敞的玩泥场地等； ◆ 分割的材料：棉线、泥工刀、游戏棒、筷子等； ◆ 雕刻的材料：泥工刀、树枝刀、铅笔等； ◆ 链接的材料：树枝、吸管等； ◆ 拓印的材料：树叶、树枝、各种积木、各种形状的糖果盒子（盖子）、瓶盖、牙刷、滚筒、排笔、颜料等
艺术长廊	◆画架 ◆画 ◆水桶 ◆画板 ◆椅子 ◆颜料 ◆调色板 ◆各种纸	◆ 工具类：剪刀、胶带、喷壶、美工刀、印台、大刷子； ◆ 画衣、相机、水桶、夹子、毛线、树枝、木桩瓶子和盖子、挤压瓶、泥土、橡皮泥等； ◆ 各类自然物，如鹅卵石、枯树、石子、豆类种子、蔬菜、水果、各种叶子； ◆ 各类自制涂鸦工具：滚轮

第二部分　被动 VS 自主：环节融合，自主探究，优化一日活动质量

续表

区域	主材料	辅助材料
滑梯区	◆大型滑梯设备	幼儿自主寻找的各类物品
建筑工地	◆单元积木 ◆空心积木	◆ 为幼儿提供小车、筐子等，方便幼儿选择和运送积木； ◆ 纸盒、纸杯、砖头、易拉罐、奶粉桶和 PVC 管等废旧物品材料； ◆ 废旧物品材料可当作积木的辅助材料进行建构，也可以单独运用这些废旧材料进行建构游戏； ◆ 人物模型：家庭成员及各行各业的人物角色； ◆ 动物模型：各种宠物、农场及动物园里的动物和新奇有趣的动物（恐龙、海底动物、卡通动物）； ◆ 各种交通工具模型：各类汽车、飞机、火车、轮船和交通标志（岗楼、分道线、禁止通行标志、信号灯、人行横道线）； ◆ 花草树木：盆花、花坛、草地和树木

【常规要求】

一、幼儿的行为要求

表3　幼儿的行为要求

阶段	小班	中班	大班
计划准备阶段	1.热身运动。在教师的带领下，通过踏步、排队、快走、慢跑、模仿操等多种形式充分活动全身肌肉和关节； 2.计划时间。在教师的引导下能够选择材料、行动和伙伴，表达自我意愿	1.热身运动。在教师的引导下，通过踏步、排队、快走、慢跑、模仿操等多种形式充分活动全身肌肉和关节，并针对当日活动中将要重点运动的部位进行预热； 2.计划时间。能够尝试利用表征的形式表达自己的想法，主动选择材料、制订行动计划以及与伙伴一起参与游戏	1.热身运动。能够主动规划热身路线，通过固定动作和自行创编的动作等多种形式，充分活动全身肌肉和关节，并针对当日活动中将要重点运动的部位进行预热； 2.计划时间。能够利用表征的方式进行表达，自主合作，并且能够根据游戏的需要调整计划

第二部分 被动 VS 自主：环节融合，自主探究，优化一日活动质量

续表

阶段	小班	中班	大班
活动过程	1. 在教师的引导下，愿意参加各类运动游戏； 2. 愿意学习体育运动中走、跑、跳、爬、钻等基本动作，并使动作更加协调； 3. 能够选择不同的体育器械活动，并掌握简单运动器械，如平衡木、球、小车、独轮车等的基本玩法； 4. 在活动中，学习与人沟通交往，学会坚持，具有一定的规则意识和探究意识，展现出勇气、坚强和耐力等素质； 5. 具备初步的安全意识。知道户外活动时不随意离开成人和集体，在老师指定的范围内活动，避免互相拥挤，并在使用体育器械时注意安全； 6. 出现身体不适时，能够及时告知教师	1. 愿意参加各类体育活动，不畏严寒酷暑，勇于克服困难进行锻炼； 2. 愿意学习体育运动中走、跑、跳、爬、攀岩、钻等基本动作，并且动作协调灵活； 3. 会选择适合的体育器械活动，能够掌握器械的基本玩法和使用方法，勇于尝试新的玩法，具有一定的学习品质和探究能力； 4. 具备基本的安全意识。在教师的提醒下会检查自己的衣服和鞋子，并在活动中遵守规则，避免互相拥挤或做出危险动作。在使用体育器械时，会注意安全； 5. 若感到身体不适或活动过度疲劳时，能够及时告知教师	1. 能够创造性地使用多种运动器械开展体育活动，协同同伴参与运动并坚持不懈地克服困难； 2. 探索走蛇形步、完成俯卧撑、快速奔跑等多种综合体育活动的方法，探索多种体育器械的玩法，掌握基本运动技能； 3. 能够按照计划构建自主游戏情境，创造富有挑战性和新颖性的玩法，与同伴协同完成，持续深入地探究； 4. 具备基本的安全意识，主动检查衣物和鞋子，注意场地是否存在安全隐患，适应不同的气候和环境变化； 5. 能够掌握多种运动中的安全保护技能和方法，例如，在大型器械上遵守不打闹、不推挤的规则；在游戏搭建中采取安全措施；在奔跑和跳绳时会避让，不做危险动作，与同伴友好交流，不使用器械打闹等

续表

阶段	小班	中班	大班
回顾与整理	1.能够与成人共同收拾、整理活动器械和体育活动玩具； 2.能够使用准确、流畅的语言清晰地表达自己的感受，介绍自己的作品或经验	1.能够主动与成人一起收拾活动器械和体育活动玩具，并进行分类整理； 2.能够用清晰、流畅的语言表述自己运动的过程和介绍自己的作品（包括图画、手工制作等），并尝试使用其他方式表达自己的经验和感受； 3.能够评估自己在运动中的行为和计划的执行情况	1.爱护体育器械，在活动结束时能够自觉协助成人收拾、整理活动器械和体育活动玩具； 2.能够根据计划完成相应的运动活动，并能清晰地讲述自己的操作过程和达成的结果，利用准确的词汇表达自己的经验和感受，同时也具备自我评估和判断的能力； 3.能够基于游戏的实际情况，持续进行深度探索和规划
备注	全园户外联动游戏时： 幼儿能够自主结伴选择适宜的户外场地，并根据游戏的主题和规则选择相应的游戏内容，能够自觉遵守游戏的规则并进行户外活动。例如，佩戴手环、将水壶放置到指定区域，以及根据不同区域的要求进行器械操作等		

二、教师的行为要求

表4 教师的行为要求

内容		主班教师	配班教师
活动前	前期准备	1.提醒幼儿及时喝水、如厕，并确保着装合适（穿着便于运动的鞋袜和服装，小女孩不佩戴尖锐的发夹），根据气候和身体需要适当增减衣物； 2.组织幼儿有序排队前往活动场地，并对幼儿进行有关安全和规则的教育； 3.做好活动材料的准备和场地空间的规划，以确保活动的顺利进行	1.协助幼儿检查着装（穿着便于运动的鞋袜和服装，小女孩不佩戴尖锐的发夹），根据气候和身体需要适当增减衣物； 2.准备好干毛巾，帮助出汗的幼儿擦汗； 3.根据活动内容准备运动器械，并清理活动场地，检查是否有异物，以确保场地和运动器械的安全性

第二部分 被动 VS 自主：环节融合，自主探究，优化一日活动质量

续表

内容		主班教师	配班教师
活动前	热身	组织幼儿进行热身活动，可以通过多种方式进行：利用运动器械进行不同运动方向和节奏的变换；采用队列队形、快走、慢跑、模仿操、韵律操等多种形式；充分活动全身肌肉和关节，并指导幼儿有针对性地对当日活动的重点运动部位进行预热	中大班教师可以和值日生一起参与场地的布置和活动器械的摆放等工作
	计划	1. 介绍主要材料和辅助材料； 2. 引导幼儿按照个人兴趣自由分组； 3. 按组指导小组制订游戏计划（对于小班可以口头讲解计划）	协助主班教师指导小组制订游戏计划
活动中	自由探索	1. 分工明确，站位准确。教师之间应该清晰地划分户外场地责任区，确保所有幼儿都处于视线范围内。必要时应适时移动并相互协作； 2. 在活动过程中给予有效指导。教师应积极参与幼儿的户外活动，鼓励幼儿发挥创造力，在有限的场地内设计多种玩法，应提供一物多玩的可能性，增强活动的质量和趣味性； 3. 观察并记录幼儿的游戏活动。在活动中，教师需要观察幼儿的行为和发展水平，以及身体和精神状态是否正常，是否达到了运动量的要求。同时可以使用手机等工具记录幼儿的活动过程，为班本教研和园本研修提供素材； 4. 注意幼儿的安全，积极关注矛盾冲突的情况。例如，要留意口角、争抢、快速奔跑或打闹等情况，及时制止并协调解决。在发生意外事件时，应按照幼儿园安全应急预案要求迅速处理	1. 针对本组幼儿的户外活动，应在教师自己的视线范围内给予有效指导，并积极参与其中，以鼓励幼儿在现有水平上继续探索和练习； 2. 在活动中，教师需要观察幼儿的行为和发展水平，同时留意幼儿的身体和精神状态是否正常，是否达到了运动量的要求； 3. 教师可以使用手机等工具记录幼儿在户外活动中的有价值的过程； 4. 在户外活动中，教师应当时时提醒幼儿密切关注穿脱衣服和喝水等问题，保障幼儿的身体健康

续表

内容		主班教师	配班教师
活动后	回顾	针对本组幼儿，教师应当组织回顾活动，并引导幼儿运用表征和思维导图等形式，对经验进行梳理和总结，以激发幼儿的思考能力并提升其经验水平。在回顾活动中，教师还应注重将经验进行概念化和意义化的过程，以帮助幼儿更好地理解并应用所学知识	同主班教师
	整理	活动结束后，教师应当督促幼儿将使用的器械和材料归放到原处，并提醒幼儿整理好自己的衣服等个人物品，以保持活动现场的整洁和秩序。同时，教师还应组织幼儿进行排队，清点出席人数，以确保幼儿的安全和到场情况的准确记录	活动结束后，副班主任应当带领值日生对活动场地进行整理，并检查是否有遗漏的物品，例如衣服等
备注		全园混龄游戏时的注意事项如下： 1. 教师应提前10分钟到达所负责的户外区域，将手环盒和水杯架放在固定位置，并布置好热身场地，为幼儿的到来做好准备。热身和计划环节与之前相同； 2. 在发出整理器械和集合的信号后，教师应提醒幼儿将玩过的器械或材料归放原处、整理自己的衣物等，并将手环归放原处。待确认幼儿人数与手环数量一致后，教师才能允许幼儿自行回到自己所在的教室； 3. 教师在回顾环节中应特别关注师幼互动的质量，并依据具体情况，加强概念或者核心词汇的使用和积累		

第二部分　被动 VS 自主：环节融合，自主探究，优化一日活动质量

三、特别说明

1. 体能运动区的特点。体能运动区是为了遵循幼儿身心的发展规律，以身体运动为基本手段，提高幼儿各种运动技能水平的区域。在这个区域中，幼儿可以参与走、跑、跳、钻、爬、投掷和攀爬等各种运动项目，锻炼身体的协调性和灵敏度。

2. 主题游戏区的特点。主题游戏区提供给幼儿一个开放、自由、富有情境的游戏环境。材料具有独特的属性，通过幼儿与材料的深度链接，幼儿可以在环境中更容易地模仿成年人的生活、劳动和学习等方面。满足幼儿渴望像成年人那样参与各种社会活动的需求，并且在与环境相互作用的协调中使幼儿的创造性、观察力和道德品质等方面都得到全面、和谐的发展。

【成人鹰架支持】

支架一：提供自主的活动形式，开放空间和时间，打破班级和年龄的阶段限制，为幼儿提供全域性的运动空间，并保证充足的运动时间。

支架二：构建有准备的环境，调整材料投放的层次性和丰富性，确保区域间材料的主次分明，促进幼儿与不同材料之间产生深入链接。

材料的丰富性包括：适合大肌肉运动和身体平衡能力的材料；新奇、轻巧、易移动的材料，增加趣味性；适合翻滚、投掷、踢、打击等活动的材料；方便运输的小推车、积木托运箱等。

支架三：聚焦计划，提出高水平的任务。

观察和支持幼儿的活动，能够为幼儿可持续性探究提供挑战性任务，提升师幼互动质量和探究深度，更好地促进幼儿学习品质的培养。

支架四：让户外游戏成为园本课程和班本课程的延伸。

自主游戏中出现的问题都具有教育价值，教师通过观察发现并聚焦任务，引导幼儿思考和探索，组织幼儿分享和交流探究结果，使他们获得完整的新经验。例如，在户外野战区游戏中，红绿双方的队员在藏宝图的问

题上产生分歧。为了解决这个问题，教师在游戏前通过一系列的追问引发幼儿思考：藏宝图可以是什么样的？如何才能不被轻易发现？如何设计寻宝方案？经过商讨，幼儿自发组成了藏宝寻宝小组，他们与家长一起查阅了藏宝寻宝的相关资料，收看了电视节目《国家宝藏》。班级随之生成了"小小侦探家"主题活动。通过探究这一主题，幼儿对藏宝和寻宝有了深入的认识，包括藏在哪里、如何藏、如何找、谁来找等问题都得到了解答。藏宝的范围不断扩大，从小组到班级，再到幼儿园的各个楼层；藏宝策略从单一藏宝到双重藏宝，并发展到关卡式藏宝；寻宝人从师幼双方和同伴之间，扩展到"大带小"和家庭亲子等。这样的主题活动满足了幼儿的探究欲望，促进了幼儿多方面的发展。

【资源包】

一、户外游戏的计划书

表5 盐湖区第四实验幼儿园户外区域游戏活动预设计划表

户外区域 梯子　　负责人 雷莹　　实施时间 2022.3.28—2022.4.15

游戏主材料	梯子	幼儿年龄	6岁
目标价值	认知 1.感知材料本身的硬度，搭建不同高度的结构； 2.认识各种梯子，了解梯子的结构和搭建方式 情绪情感 在游戏中，儿童与同伴共同分工合作，积极参与，勇于表现自我，并尝试探索新事物，获得了愉悦的体验，增强了情感交流的能力 能力 1.通过梯子游戏，锻炼攀爬、行走、奔跑、跳跃等基本动作与技能，进一步增强幼儿的动作协调性和灵活性； 2.在游戏过程中，幼儿能够与同伴分工合作、协商交流，共同完成探究任务，从而增强自信心 学习品质 愿意积极主动地想办法解决在活动中遇到的困难，具备坚持性、计划性、合作性、创造性和抗挫性的学习品质		

第二部分　被动 VS 自主：环节融合，自主探究，优化一日活动质量

续表

材料投放	第一阶段：梯子（竹梯、平衡梯）、轮胎 第二阶段：增加开放平衡区材料，自主选择 第三阶段：增加篮球、滚筒
活动实施 第一阶段 （3.29）	目标（幼儿自主探究主材料的不同玩法） 过程： 1. 幼儿将探索平衡梯、竹梯和轮胎结合的更多创意玩法； 2. 邀请幼儿分享他们最有创意的玩法，并分组再次进行探究
活动实施 第二阶段 （3.30—4.2）	目标（1. 教师预设活动；2. 主材料与辅助材料探究） 过程： 1. 探索开放平衡区中的材料，尝试将梯子和其他材料组合，探究多种玩法。（例如：梯子和绳子、梯子和木板等）； 2. 幼儿分享他们选择的最有创意的材料搭配和玩法； 3. 投放幼儿最感兴趣的材料，选择幼儿最想玩的玩法，并分组继续进行探究
活动实施 第三阶段 （4.6—4.15）	目标（不同的组合游戏） 过程： 1. 探究梯子与篮球、小车的组合玩法，幼儿分组挑战更多的玩法； 2. 幼儿分组展示小组中最有挑战性的玩法； 3. 选择最有挑战性的玩法，并继续进行探究
活动实施 第四阶段 （4.15—4.18）	"春奥会"成果展示内容： 1. 利用梯子和轮胎组合搭建匍匐前进的通道； 2. 利用竹梯和轮胎组合搭建通道，挑战幼儿腿夹篮球通过通道； 3. 幼儿推小车拉"手榴弹"通过平衡梯到达终点； 4. 投掷篮球至桶内； 5. 挑战极限：站立通过2米高的平衡梯
预期效果分析	1. 幼儿能够探索出多种梯子的玩法； 2. 幼儿能够创新地利用其他材料和梯子进行游戏，例如利用平衡梯夹球、在平衡梯上推小车以及投掷"手榴弹"等； 3. 幼儿能够利用梯子（如竹梯、平衡梯）、轮胎、篮球、小车、"手榴弹"等材料设计闯关游戏，难度逐渐增加，探索挑战游戏的极限玩法

表6 盐湖区第四实验幼儿园户外区域游戏活动预设计划表

户外区域 星球广场　　负责人 郝亚茹　　实施时间 2022.3.28

游戏主材料	篮球	幼儿年龄	5岁
目标价值	认知 1.了解篮球的基本特征，包括其大小和形状等相关信息； 2.探究气压对篮球弹跳高度的影响； 3.探究力度与篮球滑动之间的关系； 4.探究篮球在不同质地表面上滚动的现象			
^	情绪情感 1.喜欢与同伴一起参与各种游戏活动，从中体验到群体协作带来的快乐； 2.积极主动参加各种群体活动； 3.通过分享游戏玩法、挑战游戏等方式，增强幼儿的自信心			
^	能力 1.能够连续拍球； 2.学习并实践篮球运动中的各种基本技能，例如运球、传球、投篮等； 3.通过不断探索篮球运动的各种玩法，发挥想象力，发现一物多用的运动魅力，享受创造性玩球的乐趣； 4.全面增强幼儿身体素质，包括力量、耐力、速度、敏捷性、柔韧性、平衡感和协调能力等多方面的要素，提高身体免疫力			
^	学习品质 1.通过探索篮球运动的多种玩法，激发幼儿的探究兴趣； 2.通过探究篮球游戏的不同玩法，培养幼儿的发散性思维和创造能力； 3.在游戏体验中，逐步养成幼儿认真专注的好习惯，提高幼儿的学习品质，例如不怕困难，敢于挑战和坚持不懈等品质； 4.在持续不断的探究与研究中，培养幼儿独立解决问题的能力			
材料投放	第一阶段：篮球			
^	第二阶段：篮球、辅助材料（跨栏、路障、篮板、呼啦圈、椅子、棍棒、轮胎）			
^	第三阶段：篮球、辅助材料（跨栏、路障、篮板、呼啦圈、椅子、棍棒、轮胎）			
^	第四阶段：组合游戏+篮球操			

第二部分　被动 VS 自主：环节融合，自主探究，优化一日活动质量

续表

	目标 1. 认识篮球运动，充分了解这项运动的特征，比如规则、场地等方面的知识； 2. 学习篮球运动的基本技能，例如单手拍球、单边手变向、单膝跪拍、绕球、体前交叉等技能，使幼儿对篮球运动迅速掌握并提高技能水平； 3. 通过探究篮球的多种玩法，发挥想象力，创造出玩球的新乐趣	反思调整
活动实施 第一阶段 （3.28—4.1）	过程中策略 1. 技法摸底，为篮球操做准备； 2. 学习新的技法； 3. 进行自主探究： ① 让幼儿自由玩球，探索一个人一个球的多种玩法； ② 教师分组观察记录并指导； ③ 幼儿展示：邀请有创意玩法的小朋友进行展示； ④ 教师总结和提升：肯定幼儿的创意，并与幼儿共同探讨和总结出不同玩法的特点和规律，可以让幼儿给自己的创意玩法起一个名字，进一步激发幼儿的创造力； ⑤ 幼儿自由尝试不同组的创意玩法 4. 深度探究： ①探索多个人使用一个球或多个人使用多个球的创意玩法； ②教师分组观察记录并进行指导； ③幼儿展示：邀请具有创意的小组进行展示； ④教师总结和提升：肯定幼儿的创意，鼓励幼儿为自己的创意玩法起一个名字； ⑤幼儿自由尝试不同组的创意玩法 5. 进一步深度探究：闯关游戏初体验 ①认识闯关游戏； ②让幼儿自己设计一个闯关游戏，自己报自己的创意玩法是第几关，自己是这一关的裁判，并拿着自己的玩法图式让其他幼儿来体验，这为之后的闯关游戏做好了铺垫	为了节约时间并确保幼儿对游戏的回顾也能得到重视，我们决定将幼儿的游戏回顾安排在游戏中间。例如，在分组探索时，如果孩子想到了一个创意的玩法，如单人抛接球，我们会提前准备画板，让孩子能够及时画出当下的游戏玩法。这样可以促进幼儿对游戏体验的回顾和总结

• 83 •

续表

活动实施 第二阶段 （4.4—4.8）	目标 1. 学习基本的连续拍球、投篮及行进间拍球技能； 2. 激发幼儿对合作游戏的热爱，体验合作游戏带来的快乐； 3. 激发幼儿对运动的兴趣，同时培养积极、自信、进取、坚强和抗挫等个性品质	反思调整
	过程中的策略： 1. 学习篮球技巧和探究材料的玩法； 2. 针对不同的材料分组分别探究：如篮球与呼啦圈、篮球与椅子、篮球与棍棒、篮球与轮胎 ① 幼儿分小组，自由探索两种组合的玩法； ② 教师分组观察记录并指导； ③ 幼儿小组展示：邀请有创意玩法的小组进行展示，使用游戏玩法图式； ④ 教师总结和提升：肯定幼儿的创意，并请幼儿给自己的创意玩法起一个名字； ⑤ 幼儿自由尝试不同组的创意玩法 3. 深度探究：设计一个闯关游戏 各小组利用自己的创意玩法设计一个闯关游戏，幼儿自己报告自己的创意玩法是第几关。自己担任这一关的裁判，拿着自己的玩法图式，让其他幼儿来体验。这个环节是为之后闯关游戏的顺利实施做铺垫	—
活动实施 第三阶段 （4.11—4.13）	目标 1. 学习一个简单的篮球操； 2. 能够探索出篮球的各种玩法，并能够灵活运用，体验创造玩球的乐趣； 3. 增强幼儿身体素质，包括力量、耐力、速度、灵敏性、柔韧性、平衡能力和协调能力等，提高幼儿抵抗疾病的能力； 4. 通过合作游戏，培养幼儿的合作精神	反思调整

第二部分　被动 VS 自主：环节融合，自主探究，优化一日活动质量

续表

活动实施 第三阶段 （4.11—4.13）	过程中的策略 1. 学习新的技法，学习一个简单的篮球操； 2. 分组探究（篮球和多种材料的玩法）： 幼儿使用篮球和跨栏、路障、篮板、呼啦圈、椅子、棍棒、轮胎设计一个闯关游戏。具体步骤如下： ①分组探究； ②教师分组观察记录并指导。重点指导幼儿的游戏玩法； ③幼儿小组展示，邀请有创意玩法的小组进行展示，使用游戏玩法图式； ④教师总结和提升，肯定幼儿的创意，请幼儿给自己的创意游戏起一个名字； ⑤幼儿自由尝试不同组的创意玩法 3. 投票选出一个最具创意的组合游戏，作为"春奥会"的体验项目； 4. 深度探究 设立一个"挑战不可能"的项目： ①幼儿分小组讨论和设计； ②幼儿分组尝试挑战； ③投票选出"挑战不可能"的项目	—
活动实施 第四阶段 （4.14—4.15）	"春奥会"的成果展示 1. 幼儿小组分工： 场地规划组、游戏玩法设计组、"挑战不可能"组…… 2. 篮球操的练习	—
预期效果分析	1. 幼儿掌握基本的篮球玩法，包括基本的拍球技能； 2. 幼儿能够利用主材料和辅助材料设计组合游戏，并进行展示； 3. 部分幼儿能够进行篮球操的展示	—

开放 自主 共生——幼儿园一日活动"嬗变"与"整合"

表7 盐湖区第四实验幼儿园户外区域游戏活动预设计划表

户外区域 平衡区　　负责人 王思敏　　实施时间 2022.3.28—2022.4.15

游戏主材料	轮胎	幼儿年龄	5岁
目标价值	认知 1. 了解轮胎的特征，包括大小、形状、材质、重量、颜色和花纹等； 2. 感知轮胎的大小、重量与其他材料表面的摩擦力； 3. 能够发现物体或动作的排列、组合规律，并尝试创造新的排列规律； 4. 通过数数比较两组轮胎的多少、大小、形状等关系		
	情绪情感 1. 喜欢和小朋友一起游戏，体验群体合作的乐趣； 2. 愿意并积极参加群体活动； 3. 通过玩法分享、游戏挑战，增强幼儿的自信心		
	能力 1. 幼儿运用走、跑、跳、钻、爬、攀登等技能，尝试探索轮胎的多种玩法； 2. 促进幼儿平衡能力及控制平衡能力的发展； 3. 促进幼儿在高空跳的能力发展，克服恐惧心理； 4. 提高幼儿竞争能力，促进幼儿动作的灵活性和协调性； 5. 掌握轮胎搬运、滚动、垒高的方法		
	学习品质 1. 通过轮胎游戏，激发幼儿的探究兴趣； 2. 通过探究轮胎的玩法，发展幼儿的发散性思维和创造能力； 3. 在游戏体验中，逐步养成幼儿认真专注、不怕困难、敢于挑战的学习品质； 4. 在不断探究中，培养幼儿独立解决问题的能力		
材料投放	第一阶段：轮胎		
	第二阶段：轮胎、辅助材料（轮胎组合、路障、球、沙包、平衡木、梯子）		
	第三阶段：轮胎、辅助材料（轮胎和辅助材料组合玩法）		
活动实施 第一阶段 （3.28—4.1）	目标（幼儿自主探究主材料的不同玩法） 1. 激发幼儿的好奇心，初步探究玩法； 2. 探索出几种关于轮胎的玩法； 3. 增强幼儿的创新意识	小节	
	过程 1. 幼儿探索轮胎的多种玩法； 2. 挑选最具创意的三种进行展示； 3. 幼儿分组进行探索； 4. 总结回顾并归纳幼儿探索出的不同玩法	—	

第二部分　被动 VS 自主：环节融合，自主探究，优化一日活动质量

续表

活动实施 第二阶段 （4.4—4.8）	目标（教师预设活动；主材料与辅助材料探究） 1. 具有一定的平衡能力，动作协调灵敏； 2. 能够与同伴分工合作，遇到困难时一起克服	—
	过程 1. 前一天下午，幼儿根据辅助材料分组进行计划制订； 2. 小朋友根据自己的计划进行搭建（昨天小朋友们根据自己选择的辅助材料制订了计划，在今天探索的过程中，如果发现更有创意的玩法，可以进行调整，并在计划的旁边记录调整的玩法）； 3. 各组小朋友进行回顾，总结归纳经验（游戏玩法、游戏名称）； 4. 邀请其他小组的小朋友体验（小组交叉体验）； 5. 回到教室进行集体回顾	—
活动实施 第三阶段 （4.11—4.15）	目标（不同的组合游戏） 敢于尝试有一定难度的活动和任务	—
	过程 1. 每组创造两种经典的玩法； 2. 幼儿进行练习； 3. 评选出"春奥会"展示项目以及挑战玩法	—
活动实施 第四阶段 （"春奥会" 前三天）	1. 提前安排场地； 2. 场地布置人员分工，包括挑战玩法人员分工和展示玩法人员分工； 3. 制定场地设计图，并摆放练习设备； 4. 工作人员竞聘，包括讲解员和安全员	—
预期效果分析	1. 能够跳轮胎格子，距离 10 厘米左右； 2. 探索多种轮胎玩法； 3. 能够自己搭建轮胎山，并在安全的情况下进行游戏； 4. 能够将其他材料与轮胎结合运用，例如投球或与梯子搭桥等	—

表8 盐湖区第四实验幼儿园户外区域游戏活动预设计划表

户外区域 呼啦圈　　负责人 肖娜 常雯丽　　实施时间 2022.2.28—2022.4.18

游戏主材料	呼啦圈	幼儿年龄	3-6岁
目标价值	认知 1.通过感知呼啦圈的形状，体验圆环形的特点； 2.观察呼啦圈表面，培养观察力； 3.利用想象力探索多种呼啦圈玩法； 4.运用生活经验考验记忆力，可在网络上查找相关信息 情绪情感 1.在探索过程中，幼儿喜欢上玩呼啦圈，并从中获得快乐； 2.幼儿通过创造性地探索呼啦圈玩法，获得美感体验； 3.合作中获得集体的归属感和幸福感 能力 1.通过练习滚动呼啦圈，幼儿可以提升操作能力； 2.通过保持呼啦圈平稳滚动，幼儿可以提升平衡能力； 3.幼儿在呼啦圈的运动中，可以练习移动性和非移动性的运动技能； 4.练习呼啦圈有助于提高幼儿的身体灵活性 学习品质 1.在练习呼啦圈的过程中，幼儿需要注重手眼协调、专注力和持久力，以提高注意力； 2.教师需要引起幼儿对呼啦圈的兴趣，并鼓励他们进行自主探索； 3.通过呼啦圈练习，幼儿可以从中提高学习能力； 4.幼儿需要提前做好呼啦圈计划，并养成良好的学习习惯； 5.练习呼啦圈可以帮助幼儿培养抗挫能力，正视困难		

第二部分 被动 VS 自主：环节融合，自主探究，优化一日活动质量

续表

材料投放	第一阶段 投放呼啦圈进行自主探索（多种玩法，数量多）	
	第二阶段 幼儿合作阶段：双人，多人合作	
	第三阶段 添加辅助材料阶段：篮球，积木，路障和平衡木	
	实施策略	小结
活动实施 第一阶段 （3.28—4.2）	幼儿尝试自主探索呼啦圈的玩法： 呼啦圈跳舞（陀螺）、跳房子（双脚跳、开合跳）、呼啦圈赛跑、呼啦圈飞、转呼啦圈	鼓励幼儿积极探索呼啦圈的多样玩法。观察幼儿对材料是否感兴趣，游戏时间和运动量是否达标
活动实施 第二阶段 （4.6—4.8）	两人、小组合作：跳格子（单双脚跳、跨跳）、开火车、钻山洞、快乐传递、螃蟹走、一圈到底(用脚传递)	在活动中，可以探索多个呼啦圈的玩法，培养幼儿的合作和竞争意识
活动实施 第三阶段 （4.11—4.18）	路障套圈、运球接力赛、赶小猪、积木搬家、过河	观察幼儿在活动中是否可以较好地将主材料和辅助材料有效组合，探索多种材料的深度玩法
预期效果分析	呼啦圈是一种轻便易操作的器械，有滚动、旋转、穿越和跳跃等多样玩法。当将呼啦圈与各种辅助材料相结合时，孩子们会深入探索游戏玩法，这样做可以提升幼儿的操作能力和合作能力，并使幼儿享受游戏带来的快乐	—

表9 盐湖区第四实验幼儿园户外区域游戏活动预设计划表

户外区域　__跑跳区__　　　负责人　__杨蓓__

游戏主材料	羊角球		幼儿年龄	3岁
目标价值	认知 1.了解羊角球的特征，包括形状、重量、弹性和颜色等方面； 2.感知羊角球的弹跳性； 3.尝试探索物体或动作的排列组合规律，并创造新的排列规律 情绪情感 1.喜欢与小朋友一起游戏，体验群体合作的乐趣； 2.愿意参与群体活动，并保持积极的态度； 3.通过玩法分享和游戏挑战，帮助幼儿提升自信心 能力 1.引导幼儿主动尝试和探索轮胎的多种玩法； 2.帮助幼儿掌握羊角球前进和跳跃的方法； 3.培养幼儿的跳跃能力，并促进幼儿下肢力量的发展； 4.增强幼儿的身体控制力和平衡能力 学习品质 1.通过羊角球游戏，激发幼儿的探究兴趣和学习热情； 2.通过探索羊角球的玩法，培养幼儿的发散性思维和创造能力； 3.在游戏体验中，幼儿逐步形成认真专注、不畏困难和敢于挑战的学习品质； 4.在不断探索中，培养幼儿独立解决问题和自主学习的能力			
材料投放	第一阶段：羊角球 第二阶段：羊角球、辅助材料（障碍物、圆筒、长杆） 第三阶段：羊角球、辅助材料（轮胎和辅助材料组合玩法）			
活动实施 第一阶段 （3.28—4.1）	目标（幼儿自主探究主材料的不同玩法） 1.激发幼儿的好奇心和探究欲望； 2.帮助幼儿发现和探索多种关于羊角球的玩法； 3.增强幼儿的创新意识 过程 1.幼儿探索羊角球的多种玩法； 2.挑选最有创意的三组进行展示； 3.幼儿分小组进行体验和探索； 4.归纳和总结出羊角球的多种玩法			

第二部分　被动 VS 自主：环节融合，自主探究，优化一日活动质量

续表

活动实施 第二阶段 （4.4—4.8）	目标（教师预设活动；主材料与辅助材料探究） 1. 培养幼儿一定的平衡能力、动作协调能力和身体灵敏度； 2. 与同伴之间进行分工合作，提高幼儿协作能力和解决问题的能力
	过程 1. 幼儿分成两人一组，与同伴一起探索游戏玩法； 2. 让每个小组在班级内展示他们发现的游戏玩法； 3. 让每个小组体验和探索其他小组的游戏玩法，通过相互交流和合作，发现玩法的不同特点； 4. 回顾并总结每个小组发现的游戏玩法； 5. 幼儿分小组选择辅助材料，探索和发掘新的创意玩法； 6. 让每个小组分享他们发现的创意玩法，鼓励幼儿向其他小组展示他们的创意； 7. 让不同小组的幼儿互相交流和体验创意玩法； 8. 进入教室后，集体回顾和讨论
活动实施 第三阶段 （4.11—4.15）	目标（不同的组合游戏） 敢于尝试有一定难度的活动和任务
	过程 1. 将幼儿分成小组，让每个小组探索两种经典的玩法； 2. 让每个小组进行练习和实践； 3. 对于"春奥会"的参与，让小组评选出一种或多种展示项目以及挑战玩法
活动实施 第四阶段 （"春奥会" 前三天）	"春奥会"的成果展示 1. 提前安排好场地； 2. 场地布置人员分工，包括挑战玩法人员分工和展示玩法人员分工； 3. 制定场地设计图，并摆放练习设备； 4. 工作人员竞聘，包括讲解员和安全员
预期效果分析	1. 在游戏过程中，幼儿利用羊角球能够连续跳两米； 2. 幼儿能够主动探索出多种羊角球玩法； 3. 幼儿能够利用其他材料与羊角球一起进行游戏，比如过障碍、跳高和躲避大摆锤

二、不同区域的发展目标

表 10　体能游戏类的发展目标

区域	小班	中班	大班
球区	1. 初步了解拍球活动，培养儿童对拍球活动的兴趣； 2. 练习双手接住被弹起的球，提高双手控制球的能力； 3. 能够双手连续进行拍球，掌握基本拍球技巧	1. 深入了解拍球活动，培养儿童自主参与拍球活动的兴趣； 2. 练习定点双手、单手拍球和双手交替拍球，并学会运用各种辅助材料进行拍球游戏； 3. 能够定点双手、单手和双手交替连续进行拍球，掌握多种基本拍球技能和运动技巧	1. 积极主动参加各类拍球活动，提高对拍球活动的兴趣和积极性； 2. 运用多种艺术形式，如跪拍球、蹲拍球、踏步拍球、转身拍球和胯下拍球等，呈现拍球活动的趣事和体验； 3. 熟练掌握运球、传球、双手运双球和一人拍两个球等基础动作，并能够持续定点拍球，自如控制球的行进方向
投掷区	1. 能够使用双手将大皮球从腹前往上抛出； 2. 能够与他人合作，将大皮球滚接； 3. 能够使用单手将大皮球从上方向前投掷； 4. 掌握正面肩上挥臂投掷物品的动作； 5. 能够使用单手将沙包向前投掷 2 米以上的距离	1. 能够使用双手自抛自接高、低球（头以下为低球，头以上为高球）； 2. 能够与他人近距离（1-2 米）互相抛接大球； 3. 能够使用单手将沙包投掷至 3 米距离； 4. 熟练掌握正面肩上挥臂投掷物品的动作，并能够将物体准确投向距离 1-2 米的前方，无论物体处于静止还是移动状态； 5. 能够使用单手将沙包向前投掷 4 米以上的距离	1. 具备使用单手自抛自接高、低球的能力，其中头以下被定义为低球，头以上被定义为高球； 2. 两人之间的距离为 3-4 米，能够互相抛接球，并能躲避来自其他人投掷的球或物品； 3. 具备使用单手向前投掷沙包的能力，达到 5 米以上的投掷距离要求； 4. 熟练掌握正面肩上快速挥臂投掷物品以及侧面肩上挥臂投掷物品的动作； 5. 能够准确投准前方静止或移动的"物体"，距离为 3-4 米； 6. 能够使用单手将沙包向前投掷 6 米以上的距离

第二部分　被动 VS 自主：环节融合，自主探究，优化一日活动质量

续表

区域	小班	中班	大班
小车区	1. 具备控制各种小车并遵守简单游戏规则的能力； 2. 逐步提升控制小车的能力以及协调各项动作的能力； 3. 能够连续骑行 8 分钟或更长时间	1. 能够根据信号保持相应的节奏，完成骑行； 2. 学习三轮车和平衡车的技巧，培养幼儿的反应能力，增强幼儿动作协调性和灵活性； 3. 能够根据信号变化调整骑行速度； 4. 能够连续骑行 15 分钟以上； 5. 能够自觉遵守交通规则，按照指定路线安全完成任务	1. 能够根据信号的变化调整骑行的速度和方向； 2. 能够在遇到障碍时根据信号进行骑行； 3. 能够模拟实际场景，连续骑行 20 分钟以上； 4. 能够自觉遵守交通规则，按照指定路线安全完成任务； 5. 学习平衡车的技巧，以增强动作协调性和灵活性
平衡区	走：能够直线行走；能够在较窄的、低矮的物体上行走；双脚能够灵活交替上下楼； 跑：在自由奔跑时能够避免与他人碰撞； 跳：双脚能够平稳地连续向前跳跃	走：能够在较窄的低矮物体上平稳地走路； 跑：能够与他人进行追逐、躲闪跑等游戏； 跨：能够在助跑后跨越一定距离或高度的物体； 钻：能够以多种方式攀爬并钻过一些障碍物	走：能够在斜坡、吊桥和梅花桩等物体上行走； 跳：能够连续跳绳； 攀：能够手脚并用地攀爬网或架等物体； 躲：能够躲避他人扔来的沙包等物体
跳绳区	大班 1. 利用跳绳游戏，锻炼幼儿的上肢、下肢、腰部、臀部、关节和韧带的力量； 2. 培养幼儿的速度、弹跳力、身体协调性和灵敏性，提高大脑的思维灵敏度和判断能力； 3. 体验创造性跳绳的乐趣，发展幼儿的想象力和创造力，培养幼儿的合作意识和合作能力		

表 11　主题游戏类的发展目标

区域	小班	中班	大班
滑梯区	1. 能够掌握正确的滑梯使用方法，并初步具备安全意识； 2. 遵守游戏规则，能够友好地与同伴互动； 3. 体验到与同伴一起玩耍的快乐	1. 在玩滑梯时，应具备安全意识，能够有效地保护自己； 2. 通过游戏发展幼儿的钻、翻、爬、越、跑等技能； 3. 培养幼儿勇敢的精神； 4. 学会与同伴友好交往，促进社交能力的发展	1. 通过游戏培养幼儿的钻、翻、爬、越、跑等技能； 2. 自主创设游戏情境，展开丰富多彩的游戏体验； 3. 提升幼儿的社会交往能力，增强合作精神和团队意识； 4. 培养幼儿独立解决问题的能力，让幼儿在面对困难时学会分析问题、寻求解决方案； 5. 培养幼儿关心同伴、关爱他人和谦让待人的良好品质； 6. 发挥幼儿的领导才能，促进组织协调能力的发展
建筑工地	1. 学习连接、延长、围合、加宽和垒高等主要构造技能； 2. 搭建简单的三维物体	1. 学习架空、覆盖、桥式和塔式等建构技能，形成里外空间的概念； 2. 学会用辅助材料	1. 学习转向、穿过、平式联结和交叉联结等建构技能，搭建复杂的三维物体； 2. 建造有一定主题和情节发展的、结构复杂、装饰精巧的建筑群
沙池区	1. 喜欢并愿意尝试用简单的工具进行玩沙； 2. 知道玩沙的规则	1. 感受沙的特性； 2. 练习用不同的方法挖战壕，学习深挖、压、拍等技能； 3. 知道沙的用途及玩沙的安全注意事项	1. 尝试使用不同的容器玩沙； 2. 借助多种挖沙工具和辅助材料来建构战壕，锻炼幼儿的小肌肉和动作的协调性； 3. 学会分工合作，培养合作意识

第二部分 被动 VS 自主：环节融合，自主探究，优化一日活动质量

续表

区域	小班	中班	大班
小农场	1. 幼儿对角色游戏活动表现出兴趣，并积极参与其中； 2. 学习使用简单的礼貌用语招待小客人，培养幼儿良好的文明行为习惯； 3. 幼儿懂得根据自己的意愿选择游戏	1. 能够加深理解角色，并为游戏情节增添色彩，能够形象地模仿社会角色的语言和行为，充分反映角色的职责； 2. 懂得角色扮演，理解使用物品和场地等需遵守游戏规则，并意识到规则的重要性； 3. 在游戏结束后，能够自觉整理场地、收拾玩具等	1. 能够积极参与角色游戏活动，对该类游戏形成浓厚的兴趣，并且能够正确反映角色的社会职责和角色相互之间的社会关系； 2. 具备自主选择角色的能力，在选择角色时学会用协商的方法进行角色分配，并且懂得分工合作。能够与同伴友好交往，在分享游戏的过程中，初步学会解决在游戏中出现的问题； 3. 通过角色游戏，培养幼儿热爱生活、礼貌待人和遵守规则等良好的品德行为
野战区	—	1. 能够掌握攀登、跑、钻、爬、滚、翻、跨和跳跃等多种运动技能； 2. 能够遵守游戏规则并听从指令； 3. 通过游戏，培养幼儿乐意与人交往、学习互助、合作和分享的良好品质，充分体现出同情心； 4. 在野战的角色情境中，逐步养成自主自信、勇敢坚强等学习品质	1. 能够掌握攀登、跑、钻、爬、滚、翻、跨和跳跃等多种技能； 2. 能够主动构建游戏情境，丰富游戏情节，自主选择游戏伙伴，促进交往和沟通等社会性行为； 3. 通过混龄活动，以大带小，培养幼儿的社会交往能力； 4. 学习与同伴进行分工合作和协商，体验团队活动中的乐趣和价值
艺术长廊	1. 具备掌控各种线条的能力； 2. 在画面的任何区域都可以粘贴涂鸦，尝试使用不同的颜色进行涂鸦； 3. 经常使用油画棒进行涂色，初步体验色彩带来的乐趣	1. 利用图形代替线条； 2. 将多个图形进行组合，注重部分与整体的关系，使图像更完整； 3. 在涂色时掌握力度的控制。采用散点式的方式表现出多个图形的大小关系，让画面更加饱满	1. 辨别物体各部分的大小关系和位置，把握整体结构； 2. 表现色彩深浅的微妙变化，提高对色彩的敏锐度； 3. 有目的地布置画面，在变化中体会画面的平衡感

【案例分享】

一位星球队长的坚守与执着

大班：梯子平衡区

"春奥会"虽已结束一周有余，但孩子们的故事仍旧令我们备受感动和鼓舞。

队长的由来——一次关键的谈话

在"春奥会"准备期间，林林老师发现一些孩子利用外部游戏材料玩耍时，并不具备挑战性。为了给孩子们更好的教育支持，她组织了一次关键的谈话。

林林老师说："当老师看到你们搭建的梯子游戏（如图24所示），我觉得你们的游戏设计非常宏大。因此，我给你们点赞！"

图 6　梯子游戏

孩子们疑惑："什么是宏大？"

林林老师回答："宏大就是你们搭建的梯子和轮胎的游戏场地的空间和规模很宏伟、巨大。昨天你们玩这个游戏有什么感觉呢？"

小天回答："很开心。"

许多小朋友也纷纷表示："很开心，很高兴。"

第二部分　被动 VS 自主：环节融合，自主探究，优化一日活动质量

林林老师问："那这个游戏有没有挑战性？"

小轩回答："没有。很简单，我都能通过。"

其他孩子也纷纷表示："没有难度，很轻松就过了。"

林林老师接着问："那你们想不想把这个游戏改造一下，让它更好玩更有难度？我看到你们搭建的轮胎高度只有两个，想一想怎么让这个游戏更加有挑战性呢？"

孩子们纷纷举手说出了自己的主意。

小轩提出："我可以走过 10 个轮胎高度。"

小白提出："我可以走 100 个轮胎高度。"

其他孩子也提出了增加轮胎数量等不同的建议。

林林老师提醒孩子们："宝贝们，你们说话要有科学依据。你们觉得 20 个或 100 个轮胎能摆起来吗？你们在上面站起来会不会害怕？它的安全性如何？你们要再想想，想好了再说出你们的想法。"

小熙提出："我能搭建 8 个轮胎高度。"

小天提出："我想挑战 6 个轮胎高度。"

小轩提出："我可以搭建 18 个轮胎高度。"

林林老师鼓励孩子们去户外尝试一下，思考如何玩这个游戏。

林林老师接着问："你们能不能把你们具有挑战性的游戏画出来呢？"

孩子们回答："可以。"

林林老师决定选出一些队长，他们将带领队员进行讨论并画出大家关于游戏的想法和创意。

超过 2/3 的孩子都举手表示自己可以，林林老师邀请举手的孩子们进行理由阐述。她站在小壹的身后，带头问道："你们觉得他是否合适？为什么？"

小智："我认为他很合适，因为他非常擅长画小人。"

林林老师："如果你们同意，就请举手。"

五位小朋友举起了手，小壹暂时被确定为了队长。

林林老师继续说道："接下来轮到下一个小朋友了，你可以自己介绍一下为什么你也适合担任队长。"

小熙："我很擅长画梯子，也可以画一些小人。"

林林老师："如果你们认为她也可以，就请举手。"

三位小朋友举起了手，投了三票。

小天还没有发表自己的演讲，但有一半的孩子已经举起了手，表示他们支持小天成为队长。

最后，投票选出了7位小朋友成为队长。

小奕说："老师，我也想试一试。"

林林老师询问其他孩子："你们是否同意让他参加队长竞选？"

孩子们异口同声地回答："愿意。"

最终决定将团队扩大到8人。每位队长都收到了一张素描纸，然后就地坐下。

林林老师宣布："现在你们可以自由选择队员，每位队长可以选择5个小朋友自由组合。"

孩子们开始自由组合并开始讨论、设计他们的游戏。20分钟后，热烈的讨论声渐渐消失，林林老师要求每个小组为自己设计的游戏取个名字。她鼓励孩子们说："我期待着看到你们的设计变为现实。"

游戏场地搭建中——一位队长的坚守

小天和他的团队成员——小姚、小朱、小王，设计了一款名为"梯子百变秀"的闯关游戏。在户外活动时，他们选择了最具挑战性的一个关卡，即"梯子向前冲"，并进行了搭建。该游戏由四种游戏材料组成，分别是轮胎（单个约17斤）、竹梯、安全垫和手榴弹。游戏规则为：将轮胎定点摆放在两端，竹梯横放于轮胎上，底部平铺安全垫。在一侧轮胎斜立一个竹梯后，小朋友手持手榴弹从斜梯出发，经过架空的竹梯，到达另一侧的轮胎后，将手榴弹投掷于目标点——正前方轮胎的中心位置。

第二部分　被动 VS 自主：环节融合，自主探究，优化一日活动质量

图7　"梯子百变秀"（画圈部分为"梯子向前冲"）

搭建开始了。四人齐力先将一侧的六个轮胎叠高，随后在地上平铺了七个安全垫，用时八分钟。此时，其他小组搭建好的游戏场地吸引了三名队员去体验。

现在，只剩下小天一人在间距为两个安全垫的一侧开始叠放轮胎。露天场地，每一处都躲不过阳光的亲吻，汗水更是表现出了一个人的认真与执着。他将橡胶轮胎一个一个运到搭建场地并叠高。在叠放第四个轮胎时，小天喊来了队友小王帮忙。在两人合力准备将轮胎叠放时，发现手中的轮胎要大于下面的三个。小王于是将下面的两个轮胎挪到旁边，两人再次合力将较大的轮胎叠放到第二个位置。

正当他们准备叠放第三个轮胎时，一旁观察的林林老师不忍看到烈日下孩子们再次"返工"（此时叠放的两个轮胎中，上面要大于下面），对他们说："你仔细看一下，哪个大一些？"。话音刚落，小天便开始调换两个轮胎的位置。叠好两个轮胎后，他擦了把汗，喊来小王。两人合力把第三个轮胎放置到位，接着是第四个。叠高过程中，林林老师几次问道："我需要帮帮你吗？"小天摇摇头，继续和他的队员"工作"。

他们合力将第五个轮胎叠放好。当小天稳固好五个轮胎时，队友又被其他小组的游戏场地吸引了。最后一个轮胎，他与小王合力叠放并稳固好。

开放　自主　共生——幼儿园一日活动"嬗变"与"整合"

至此，轮胎和安全垫全部放置好，用时35分钟。

接下来，小天和小朱将竹梯搬运到搭建场地。将竹梯一端架在轮胎后发现，竹梯的长度远小于两端轮胎的间距。于是，他们将一排安全垫挪到别处，为了让两端的轮胎距离更近，他们准备移动一侧的轮胎（如图26所示）。小天边喊"一二三"边与同样趴在地上的小朱用尽全身力气推动六层轮胎。然而，轮胎并不动。

图8　两个小朋友合力移动轮胎

小朱喊来小姚帮忙，同时路过的小白也加入了队伍，队友小王也回来了。莹莹老师也前来协助，大家用脚踢、用手推，终于将轮胎移动了一点，但似乎还不够。越来越多的小朋友加入了队伍，使得队伍变得更加壮大，大家齐声有节奏地喊着"一二三"，轮胎的推动速度变得越来越快。但这同时也导致六层轮胎差点倒塌。很快，他们重新调整了推动轮胎的姿势。有的小朋友负责保护上层的轮胎，有的小朋友负责保护中间，其余的小朋友则继续用力推动最下层的轮胎。在大家有节奏的"一二三"的鼓励声中，在大家持续的努力下，两端的轮胎逐渐靠近。最终，在孩子们发出的尖叫声中，轮胎到达了合适的位置，距离刚好可以架起竹梯。（如图27所示）

第二部分　被动 VS 自主：环节融合，自主探究，优化一日活动质量

图 9　更多的小朋友合力推动轮胎

最后，斜梯和手榴弹目标点摆放完成，游戏场地的搭建耗时 45 分钟。

反思：

"一位星球队长的坚守与执着"案例源于幼儿园"春奥会"前各班的游戏设计初探阶段。此阶段旨在给予孩子们自主性，让孩子们充分感受游戏材料之间的互动，发挥他们的想象力，并展示出具有创意和挑战性的游戏。

案例中不仅展现了教师在日常分享环节的有效教育支持，也呈现了幼儿在时间和空间相对自主的户外游戏中所展现的立体搭建技巧、认真专注和坚持不懈的学习品质，以及独立思考和团队合作解决问题的能力。

"队长的由来——一次关键的谈话"中，教师充分扮演了幼儿游戏的观察者、支持者和引导者的角色。教师以观察为前提，以幼儿的行为表现作为依据，在分享环节中，情感支持性的鼓励（如谈话环节开始，教师对孩子们梯子搭建物的"宏大"的认可）到语言示范的准确（如教师解答孩子们对"宏大"一词的疑惑；选队长时，详细说明"队长"的职责），再到发散类问题的出现（"怎么让这个游戏更加有挑战性呢？"等），无不反映出教师的有效支持。在有效反馈的基础上，教师进一步将孩子们带入完整的节奏中，使其在游戏中经历"设计——验证与实施"的过程，并形成与材料和同伴之间的相互链接。

"游戏场地搭建中——一位队长的坚守"中更多地突显了队长小天的

认真专注和坚持不懈的学习品质，以及班级孩子一起在场地搭建后共同合作解决问题的能力。在烈日下，搬运、叠放重约十七斤的橡胶轮胎，即使是成年人也可能产生烦躁和放弃的想法，但小天从始至终都坚持不懈，在搭建过程中从未停下脚步，即使感到疲惫，他只是轻轻擦了擦汗，并没有休息片刻。此外，在搭建后期，班级其他孩子看到小天一队遇到困难时主动帮忙，共同解决问题，展现了班级凝聚力，非常令人感动。笔者认为，户外活动的意义主要在于此。

《3-6岁儿童学习与发展指南》中，在社会领域的"能与同伴友好相处"中提到了一个指标——"活动时能与同伴分工合作，遇到困难能一起克服"。因此，在本次案例故事的后续分享环节中，教师需要加强对队长领导能力和小组分工意识的引导，让幼儿体验到团队合作在活动中的重要性，而不仅仅是"一位队长的坚守"。

【教师心语】

当教师放手，将环境的支配权还给儿童时，儿童才能够实现持续的学习。儿童通过游戏中的假设、试错和调整，以及感官获得的综合和多样的直接经验，建立起相对完整的思维体系和发展体系。

——带班 李扬 教龄10年

教师应该紧密跟随儿童游戏的节奏和步伐，去改变和调整自己的节奏。只有这样，才能真正将儿童从成人的控制中解放出来。发现并相信儿童，这实际上见证了儿童的力量，同时也让教师从紧张、督促和焦虑中解脱出来。

——配班 杨醒荣 教龄1年

参与户外活动，更新了教育观和对儿童的认识，幼儿比我们想象中更具备学习能力。作为老师，我们必须学会放手，观察儿童、倾听儿童、支持儿童，并发现每个幼儿的亮点，最大限度地支持幼儿的探究行为，帮助幼儿更好地成长。

——副配 张文娟 教龄3年

第二部分　被动 VS 自主：环节融合，自主探究，优化一日活动质量

生活活动
——唤醒儿童最美的成长需要

【我们的思考】

生活中蕴含着无穷的教育资源，我们应该在最自然的状态下养成良好的生活习惯，习得各种本领，使生活成为孩子们最好的老师。让我们一起不断探索生活活动的价值，不断优化生活活动的秩序，不断提升生活活动的品质，让生活成为孩子们最美好的成长需求。

【活动概览】

（一）生活活动的内容

生活活动是指幼儿园一日活动中的生活环节。它旨在满足幼儿的基本生理需求，帮助幼儿养成良好的生活习惯，提高自理能力。教师应该把握这些活动中的教育契机，帮助幼儿建立良好的生活习惯，发展个性，提高素质，增强自主性、能动性、创造性和责任感。

在幼儿园的日常实践中，生活活动分为三大类：清洁整理、自主餐点和安静午睡。

清洁整理：主要是培养幼儿养成良好的个人卫生习惯，锻炼生活自理能力，学习整理归纳的能力。幼儿应积极参与并与同伴一起清洁、整理班级公共物品和个人物品。活动内容包括盥洗、如厕、喝水、整理衣服、劳

动活动和整理物品等项目。

　　自主餐点：我园的餐点融入了幼儿自主游戏活动。进餐时间和食量都由幼儿自己决定，幼儿根据自己的活动进程和生理发展需要进行自主选择。这样做可以充分发挥幼儿的主体性，从小养成良好的秩序感和饮食习惯。

　　安静午睡：午睡不仅满足幼儿的基本生理需求，更是让幼儿放松身心、培养良好生活习惯和卫生习惯的教育契机。活动内容主要包括整理床铺、独立入睡、保持正确的睡姿，以及午睡前后的穿脱衣服和个人仪容仪表的整理。

（二）生活活动的特点

　　1. 自主性。每个幼儿都是独立的个体，他们有着不同的生理需求。因此，在选择何时进行何种活动以及如何进行这些活动方面，完全由幼儿自主选择。在自由、自主、自立的生活活动中，幼儿能够有目的、有计划地参与活动，从而学习和探索新知识。

　　2. 长期性。生活活动是一种养成性的教育，旨在培养幼儿良好的生活习惯。这不是一蹴而就的，无论是日常生活习惯的培养、礼仪的熏陶，还是生活技能的训练等，都需要成人根据幼儿的年龄特点，结合其能力发展现状和不同年龄段的发展要求进行长期坚持的培养。

　　3. 自然性。吃喝拉撒睡是人类与生俱来的生活本能。因此，生活活动是自然而然发生的真实场景，一切随性自然。

　　4. 秩序性。生活活动的内容广泛而有序。只有在掌握了一天的生活规律后，幼儿才能产生基本的安全感和归属感，感受到幼儿园丰富生活的愉悦，进而才会产生有效的、专注的、可持续的探究和学习。

　　5. 融合性。除了午餐和午睡时间以外，其他各个环节都是自然而然地发生的。这些活动与幼儿的游戏和学习等各个环节融合在一起，不需要教师进行统一过渡的组织与实施，有利于避免幼儿的消极等待。

　　6. 重复性。生活活动日复一日、不断重复。这种重复不仅是为了满足

第二部分 被动 VS 自主：环节融合，自主探究，优化一日活动质量

幼儿的基本生理需求，更是为了促进幼儿的健康发展所必不可少的活动。在这些活动不断重复的过程中，幼儿能初步掌握必要的生活技能，并且获得生活自理的能力。因此，重复不仅是生活的需要，也为习得和养成良好的生活和卫生习惯提供了机会。

【环境准备】

班级环境创设的基本原则是整洁、温馨、浪漫、方便取放、自主有序，创造一个类似于家的环境。教师需要为幼儿营造适宜的、具有吸引力和挑战性的环境。因此，在环境创设中，应注重以下几个方面：

首先，选择适当的家具。教师可以根据班级的需求选择各种形状和材质的家具，多采用自然的木材、藤编和麻布等材料，如小沙发、小圆桌、小藤椅和小阁楼等。这样可以给幼儿创造出一个安全、放松和温馨的家庭氛围。

其次，注意色彩的搭配。家具、桌布、地毯和墙面装饰等应多采用中性色或者"莫兰迪色"，颜色和色调都应该是低饱和、柔和的风格，如浅绛、芥黄、杏色、苍青、鱼肚白、焦茶绿和浅灰等。这样可以给幼儿一种"素雅清丽、平和朴实、内秀大气、宁静舒缓"的感觉，寸寸优雅，点点诗意，潜移默化地提升幼儿的审美能力。

再次，需要使用篓、盘、盒和罐等收纳小物件。生活中有很多小碎材料需要分类存放，因此需要用很多篓子、盒子、罐子和盘子来收纳。篓子可以使用浅色的藤编；盒子可以选择透明的，这样幼儿可以一眼看到里面装的是什么材料；大大小小的托盘非常实用，里面摆放的材料可供每个幼儿一份，清晰简便；罐子多选用玻璃或陶瓷，以给幼儿带来温馨的感觉。

最后，需要注意灯光的选择。灯光不仅可以提供照明，而且可以使环境变幻多姿、重点突出、层次丰富、柔和华贵，创造出缤纷多彩的艺术效果。

（一）清洁整理的环境需求

1. 配置适宜的家具和容器，固定物品的存放位置，方便幼儿操作，并为幼儿提供存放个人物品（作品或操作单等）的空间。例如，柜子、框子和托盘等，不同的物品所需容器的大小、高低和规格各异。

2. 活动材料归类整理，张贴明显的标识，做好定位。帮助幼儿熟悉每种材料的位置。对于中、大班幼儿，教师可以在部分材料、器械旁使用图片来明确摆放要求，并简明介绍使用方法和注意事项。例如，挂衣服时位置的6S标识。每个衣架都有相应的幼儿姓名贴，每一个衣架的位置也有相应的名字贴，这样幼儿操作起来又快又整齐。每个水杯的手柄右侧，会贴一个红色圆点标识，让幼儿在放杯子时能够统一方向，将杯柄靠右侧对准红点摆放。

3. 不同内容的流程图示

（1）整理衣服：包括穿脱衣服的图示、叠衣服的步骤图示、系鞋带的方法儿歌等。

（2）盥洗：包括使用七步洗手法的儿歌图片、节约用水的图画标志、排队等候的规则标志等。

（3）如厕：包括如厕的正确流程、正确提裤子的方法示意图、冲厕按钮的卡通标识等。

（4）喝水：包括接水的步骤图片、盛水量的标准图片等。

（二）自主餐点的环境需求

1. 营造温馨雅致的环境材料

（1）营造氛围。播放轻音乐，搭配符合班级风格的桌布、桌花、艺术品和残渣盘等装饰物，营造出温馨雅致、舒适的用餐氛围。

（2）固定餐桌物品的位置。将餐盘、碗、勺子、抹布和残渣盘等物品定点定位，整齐摆放。

第二部分　被动 VS 自主：环节融合，自主探究，优化一日活动质量

2. 自主取餐区的环境创设

（1）固定自主取餐的位置。设立固定的自主取餐处，可以是一张桌子、一个区域等。

（2）提供自主加点提示卡。为了促进幼儿自主领取餐点，教师可以在自主取餐处设置标识牌，提示幼儿注意餐点更换的食谱操作卡、日期操作卡，以及自助餐点的安全路线等。

（3）提供便于幼儿操作的餐具。教师可以提前规划分流打餐路线，准备两个汤勺、两个夹子和两个菜勺等，满足两组幼儿同时取餐。

（三）甜蜜午睡的环境需求

1. 午检工具：存放女生发绳的分格置物盒、额温枪、存放物品的盒子等。

2. 营造干净卫生的睡眠环境，保持寝室卫生清洁，拉上窗帘保证私密性。

3. 为幼儿提供睡前故事，可以选择播放电子故事或者请教师讲述睡前故事。

4. 起床后的自我整理工作：可以使用小扫帚扫打被子，梳理头发的梳子，使用鞋刷擦洗鞋子，使用镜子整理外貌等。

【常规要求】

根据《3-6岁儿童学习与发展指南》的精神，结合幼儿的身体和心理特点，精心安排和组织生活活动，有目的地开展教育引导，耐心地帮助幼儿掌握自我护理技巧，以此将生活活动转化为教育活动，从而提升幼儿的生活技能，促进身心和谐发展。

（一）幼儿常规行为要求

表 1　清洁整理

项目	小班	中班	大班
盥洗	1. 学会正确的洗手程序和规则，能够注意不弄湿衣服和地板； 2. 在教师的指导下，学习按照七步洗手法洗手，小班幼儿可以在洗手的同时唱洗手歌； 3. 学习在人多时排队等候，洗完手后离开洗手间； 4. 洗手后学会甩三下，将部分水渍甩到盆里，并用自己的毛巾擦干双手； 5. 在进餐前、如厕后、活动后或手部沾染污垢时主动洗手	1. 能够按照正确的洗手程序和规则洗净双手，尽量做到不弄湿衣服和地板； 2. 学习按照七步洗手法洗手，中班幼儿可以在洗手的同时唱洗手歌，要求歌曲的时间为一个洗手周期，以养成良好的卫生习惯； 3. 在洗手间洗手时，能够在人多情况下排队等候，洗完手后及时离开洗手间； 4. 洗手后学会甩三下，将部分水渍甩到盆里，并用自己的毛巾擦干双手； 5. 在进餐前、如厕后、活动后或手部沾染污垢时主动洗手； 6. 懂得节约用水，学会适当调节水流大小	1. 熟练按照正确的洗手程序和规则洗净双手，避免弄湿衣服和地板； 2. 掌握七步洗手法，养成良好的卫生习惯； 3. 人多情况下自觉排队等候，在洗完手后及时离开洗手间； 4. 洗完手后学会甩三下，将部分水渍甩到盆里，然后使用个人用毛巾及时擦干双手； 5. 懂得洗手对身体的益处。在进餐前、如厕后、活动后或手部沾染污垢时主动洗手； 6. 自觉节约用水，根据需要熟练调节水流大小

第二部分　被动 VS 自主：环节融合，自主探究，优化一日活动质量

续表

项目	小班	中班	大班
如厕	1. 在有如厕的需求时，能够将需求告知教师，并且愿意在幼儿园里如厕，不感到紧张或拒绝； 2. 在教师的提醒下，男女生分开如厕，学习安静、有序排队，避免拥挤和打闹的情况发生； 3. 在教师的帮助下，学习正确的脱裤和穿裤方法； 4. 在教师的指导下，学习如何进行基本的如厕后清洁和整理； 5. 若感到不适或脏了衣裤，理解告知教师并寻求帮助的重要性； 6. 如厕后，在教师的指导下学习如何按压冲厕所按钮； 7. 如厕后，在教师的帮助和照看下，用正确的方法洗净双手并离开卫生间	1. 有便意时会自己如厕或告知教师，确保及时排便； 2. 男女生应该分开如厕，并且要懂得安静、有序排队，避免出现拥挤和打闹的情况； 3. 能够独立脱下裤子，并使用正确的方法提好裤子，将秋衣或背心塞入裤中； 4. 如厕后，应该自主进行清洁和整理； 5. 如果在如厕时感到不舒服或脏了衣裤，应该及时告知教师，并寻求帮助更换衣物； 6. 如厕后，应该正确按压冲厕所按钮。如果大便落到便池外侧，应在教师的指导下学习如何使用马桶刷进行清洁； 7. 如厕后，应该学会正确洗手，并在洗手后离开卫生间	1. 及时排便对身体健康有益，因此当有便意时应该及时如厕，确保及时排便； 2. 男女生应分开如厕，并且要有序和安静地排队，避免出现拥挤和打闹的情况； 3. 应熟练自主脱下裤子，并使用正确的方法整理好裤子，将秋衣或背心塞进裤子里； 4. 如厕后应自觉地进行清洁和整理； 5. 如果在如厕时感到不适或弄脏了衣裤，应及时告知教师并寻求帮助，更换衣物； 6. 如厕后需熟练地按下冲厕所按钮，如果大便落到便池外侧，应在教师的指导下学习如何使用马桶刷进行清洁； 7. 如厕后应主动洗手，并在洗手后离开卫生间

续表

项目	小班	中班	大班
喝水	1. 如果手不干净，可以在教师的指导下洗手后再喝水； 2. 不要直接喝生水，应该选择白开水进行饮用，同时在教师的照看下按时、及时喝水； 3. 喝水时应该用自己的杯子，倒入大约半杯温水，之后回到座位上安静地喝水，喝完后将杯子放回原处并把杯口朝上； 4. 在接水、喝水的过程中应该学会使用杯子，并在不小心将水泼到身上或洒到地上时及时告知教师； 5. 在教师的照看下安静、有序地喝水，当人多时应该学会排队等候，避免拥挤和嬉戏打闹； 6. 在教师的提醒下，要将接来的水喝完，同时也要学会节约用水	1. 如果手不干净，应该先洗手后再喝水； 2. 应该选择白开水进行饮用，避免直接饮用生水，同时，要按时、及时地喝水，并了解白开水对身体的益处； 3. 当口渴时，应该使用自己的杯子，倒入大约半杯温水，回到座位上安静地喝水，喝完后，应将杯子放回原处，杯口朝上； 4. 在接水、喝水的过程中应该正确使用杯子，并在不小心将水泼到身上或洒到地上时及时告知教师。如果不慎被水弄湿，应该学会更换衣服，并在教师的帮助下擦干地面； 5. 安静、有序地喝水，人多时应该学会排队等候； 6. 应该将接来的水喝完，并学会节约用水	1. 如手不干净，则需要在喝水前主动进行洗手； 2. 应避免直接饮用生水； 3. 在喝水前后需要熟练地取放杯子； 4. 在接水、喝水的过程中，需要熟练使用杯子，如不慎将水泼到身上或洒到地上，需主动更换衣服并擦干地面； 5. 应养成安静、有序喝水的习惯，如果人多时需要自觉排队等候； 6. 应根据身体需要自觉饮用适量水，并且养成节约用水的好习惯

第二部分 被动 VS 自主：环节融合，自主探究，优化一日活动质量

续表

项目	小班	中班	大班
整理衣服	1. 能够在教师的协助下穿脱各类衣物； 2. 能够在教师的帮助下整理领子、袖子，拉拉链和扣纽扣等； 3. 学习如何挂衣服，能在教师的帮助下将衣物挂到自己的衣钩处； 4. 学习如何叠放整理衣物，在教师的帮助下通过唱歌的方式学习叠衣物，并将多余的外套整齐放置于衣帽间	1. 能够正确穿脱各类衣物； 2. 能够正确整理领子、袖子、拉拉链和扣纽扣等； 3. 掌握如何挂衣服的方法，能够正确地将衣物挂到自己的衣钩处，并注意必须拉拉链； 4. 学习如何叠放整理衣物，在教师的协助下通过唱歌的方式学习叠衣物，并独立将多余的外套整齐放置于衣帽间	1. 能够熟练地穿脱各类衣物和裤子； 2. 能够熟练地整理领子、袖子、拉拉链和扣纽扣等，灵活使用简单的作业工具； 3. 能够熟练地将衣物挂到自己的衣钩处，注意拉好拉链，前后抻展捋平衣物； 4. 能够熟练地叠好衣物，并将多余的外套整齐地放置于衣帽间
劳动活动	1. 在教师的指导下学习正确的擦桌子方法； 2. 在教师的提醒下，幼儿佩戴值日生标志，愉快地参与擦桌子和放置物品等日常工作； 3. 在周五的整理日，教师带领能力较强的幼儿参与各项劳动和整理工作，包括擦桌子、将玩具和图书等物品放回原处等	1. 能够正确地完成擦桌子和扫地等值日生工作； 2. 幼儿能够独立佩戴值日生标志，并积极地进行擦桌子、扫地和放置物品等日常工作，教师提供随时的指导； 3. 在周五的整理日，教师指导幼儿有序地分区进行擦桌子、擦柜子、擦椅子和整理物品等各项劳动	1. 能够熟练地完成值日生工作，学习并掌握拖地等生活技能； 2. 幼儿能够主动佩戴值日生标志，明确自身应承担的具体职责，并认真地完成自己的工作； 3. 在周五的整理日，幼儿能够主动分区进行擦桌子、擦柜子、扫地、拖地，能按类别整理材料
整理物品	1. 在教师的帮助下，能够整理个人物品，并学习从书包里取放物品的方法； 2. 在教师的指导下，能够将玩具、材料、图书、已完成的作品和活动器材等放到指定位置； 3. 在教师的指导下，适当参与班级公共物品的整理活动	1. 能够懂得将个人物品摆放整齐，并熟练地从书包里取放物品； 2. 能够将玩具、材料、图书、已完成的作品和活动器材等放到指定位置； 3. 学会照顾植物，清洁和整理班级公共物品	1. 能够熟练地整理个人物品，并根据需要自主从书包里取放物品； 2. 能够自主、熟练地将玩具、材料、图书、已完成的作品和活动器材等摆放到指定位置上； 3. 积极主动地照顾植物，清洁和整理班级公共物品

· 111 ·

表2 自主餐点

项目	小班	中班	大班
自主餐点	1. 在老师的指导下，孩子们学会正确的餐前洗手方法，按照七个步骤清洗双手； 2. 老师更换餐点牌，并提醒幼儿有序拿取餐点食用； 3. 进餐后，老师会在统计表上打上√，以记录每个幼儿的进餐情况； 4. 老师提醒幼儿清理桌面残渣，用抹布将餐桌擦干净	1. 懂得餐前有序按照七步洗手法洗手； 2. 教师引导值日生更换餐点牌，并引导幼儿自主取餐； 3. 进餐后，幼儿自觉将哭脸处的夹子夹到笑脸处，营造文明的用餐环境； 4. 幼儿们具备了基本的环境卫生意识，能够用抹布将餐桌上的残渣擦拭到残渣盘内，再倒入垃圾桶中	1. 幼儿已经学会了餐前自主、有序地按照七步洗手法洗手； 2. 值日生在教师的引导下主动更换餐点牌，幼儿采取自主、自由的方式前往餐点区享用美食； 3. 进餐后，幼儿主动在统计表上进行批注、打勾，以有趣的形式记录和表达自己当天的加餐情况，进一步提升自我服务能力； 4. 幼儿具备了基本的环境整理能力，能够主动清理餐桌和地面
餐前	1. 在教师的指导下，幼儿已经学会了正确的餐前洗手方法，按照七步洗手法进行洗手； 2. 幼儿安静有序地坐在固定的进餐位置，跟随老师进行餐前教育活动，如手指游戏和音乐律动等	1. 幼儿已经学会了按照七步洗手法有序地进行餐前洗手； 2. 幼儿安静有序地坐在进餐位置，跟随教师进行餐前教育活动； 3. 在教师的引导下，午餐播报员进行餐点播报； 4. 小值日生根据不同的职责分发并摆放餐具，教师会适时跟踪指导幼儿	1. 幼儿已经学会了餐前自主、有序地按照七步洗手法洗手； 2. 幼儿安静有序地坐在进餐位置，观赏各类工作人员的播报； 3. 播报员自信大方，声音洪亮，分享趣味故事； 4. 餐点播报员自信地介绍"今日食谱"、营养价值； 5. 小值日生熟悉不同的职责，按照规定分发并摆放餐具

第二部分　被动 VS 自主：环节融合，自主探究，优化一日活动质量

续表

项目	小班	中班	大班
餐中	1. 坐姿应正确，学会独立进餐和使用餐具； 2. 学习用餐规则和礼仪，懂得保持桌面和地面的清洁； 3. 在教师的提醒下，幼儿根据自己的食量到指定位置依次排队，请老师为他们分发第二份餐点； 4. 在教师的指引下，幼儿做到细嚼慢咽，吃饭时不发出大声音，不掉饭菜，保持桌面和地面的清洁，进餐中如有问题勇敢地求助老师； 5. 在教师的指导下，学习正确使用餐具，文明进餐，不挑食，不剩饭； 6. 在教师的提醒下，干稀食物（汤）搭配吃，菜与饭一起吃	1. 幼儿坐姿正确，已经学会了独立进餐和使用餐具； 2. 幼儿学习用餐规则和礼仪，懂得保持桌面和地面的清洁； 3. 在教师的提醒下，幼儿根据自己的食量到指定位置依次排队请老师为他们分发第二份餐点； 4. 在教师的指引下，幼儿做到细嚼慢咽，进餐时不发出较大的声音，不掉饭菜，保持桌面和地面的清洁，如不小心将汤洒在桌面上，用抹布自己清理擦拭干净； 5. 在教师的指导下，学习抓握勺子等餐具的使用方法，文明进餐，不挑食，不剩饭； 6. 在教师的提醒下，幼儿应搭配干稀食物（汤）进餐，菜和饭一起食用	1. 幼儿应保持正确的坐姿，能够独立进餐，熟练使用餐具和餐巾； 2. 遵守用餐规则和礼仪，保持桌面和地面的清洁； 3. 在第一份餐点食用完毕之后，幼儿应到指定位置依次排队按需自主取得第二份餐点； 4. 建立良好的进餐习惯，应该细嚼慢咽，不发出较大声音，不掉饭菜，在进餐过程中保持桌面和地面干净，如不小心将汤洒在桌面上，应该使用抹布自行清理； 5. 熟练使用餐具，文明进餐，不挑食，不剩饭； 6. 应知道如何搭配干稀食物（汤）进餐，将菜和饭一起食用

续表

项目	小班	中班	大班
餐后	1. 幼儿应当学会在用餐结束后整理桌面并妥善放置椅子。餐具应进行分类并放置在指定位置上； 2. 学会正确的漱口、洗手和擦嘴方法； 3. 先用完餐的幼儿在教师的指引下选择安静的活动，等候其他幼儿结束进餐	1. 幼儿应当具备自主清理桌面残渣并妥善放置椅子的能力，餐具应分类并摆放到指定位置； 2. 应学会正确的餐后漱口、洗手和擦嘴方法； 3. 先用完餐的幼儿选择安静的活动，等候其他幼儿结束进餐； 4. 在老师的指导下，值日生应进行餐后环境的清洁和整理工作	1. 幼儿应当自主清理桌面残渣并妥善放置椅子； 2. 幼儿应学会使用正确的方法清洗餐具，餐具应分类并摆放到指定位置； 3. 应学会在餐后正确漱口、洗手和擦嘴； 4. 先用完餐的幼儿自主选择安静的活动，等待其他幼儿结束用餐。小班长可以组织同伴进行有趣的活动，如说儿歌或古诗等； 5. 小值日生应依据值日生牌的不同职责来协助老师整理教室卫生，包括擦桌子、扫地和拖地等工作

第二部分 被动 VS 自主：环节融合，自主探究，优化一日活动质量

表 3 安静午睡

项目	小班	中班	大班
睡前	1. 自我检查：教师应引导幼儿有序地站在班级门口1米线等待区进行自检，将口袋内的危险物品或其他物品（如石块和树枝等）放入指定的位置； 2. 午检工作：幼儿应有序排队接受老师的午检。如果有不舒服或异常情况，应勇敢地告知老师； 3. 在老师的监护下有序上厕所； 4. 在老师的帮助下，学会在睡前脱掉衣物和鞋袜并放置在指定位置	1. 自我检查：幼儿应有序地站在班级门口1米线等待区，进行自我检查，并主动将口袋内的危险物品或其他物品（如石块和树枝等）放入指定的位置； 2. 午检工作：幼儿应有序排队接受午检小班长的午检，如不舒服或异常情况，应主动告知老师； 3. 有序排队上厕所； 4. 学会正确地脱掉衣物和鞋袜，并放置在指定位置	1. 午检工作：幼儿应有序排队进行自我检查，并接受午检小班长的午检。如有不舒服或异常情况，应主动告知老师； 2. 幼儿应根据自身需要，在睡前有序排队如厕； 3. 熟练脱掉衣物和鞋袜，并摆放在固定位置，保持整齐
睡中	1. 幼儿自愿选择午睡，并在教师的陪伴下安静入睡； 2. 幼儿在教师的提醒下保持正确的睡姿，包括右侧卧或仰卧，以保证身体得到充分放松； 3. 幼儿懂得当有便意、身体不适或其他需要时，向教师寻求帮助； 4. 幼儿在午休时间保持安静，避免影响其他人休息	1. 幼儿应逐渐养成午睡习惯，并在独立入睡时盖好被子，保持正确的睡姿，包括右侧卧或仰卧，避免出现不良睡姿，如将头蒙在被子里睡等； 2. 幼儿在午睡时如有便意，应安静地穿上自己的鞋子如厕，不打扰他人； 3. 幼儿在午休时间如感觉身体不适或有异常情况，应及时向教师寻求帮助； 4. 幼儿在午睡时间保持安静，避免影响其他人休息，且睡醒后不影响同伴	1. 幼儿应逐渐养成午睡习惯，并在独立入睡时，盖好自己的被子，保持正确的睡姿，包括右侧卧或仰卧，避免出现不良睡姿； 2. 幼儿在午睡中如有便意，应安静地穿上自己的鞋子如厕； 3. 在午睡中，幼儿如感觉身体不适或有异常情况，应及时向教师寻求帮助； 4. 幼儿在午睡时间保持安静，避免影响其他人休息，且睡醒后不影响同伴

续表

项目	小班	中班	大班
起床后	1. 幼儿能够在规定时间内起床，并跟随教师做舒缓的起床操； 2. 在教师的帮助下，幼儿能够整理被褥，依次排队穿好衣服和鞋袜； 3. 幼儿懂得有序如厕和盥洗，并能够在教师的提醒下多喝水； 4. 若幼儿在起床后感觉身体不适，或出现发烧等状况，应勇敢地告诉老师，并寻求帮助； 5. 女生须排队等待老师梳头	1. 幼儿应该按时起床，并愿意跟随教师做舒缓的起床操； 2. 在教师的帮助下，幼儿应该整理被褥并学习正确的卷被子方法，并依次排队穿好衣服和鞋袜； 3. 幼儿需要有序排队如厕和盥洗，在不需要老师提醒的情况下自主饮水； 4. 若幼儿在起床后感觉身体不适，或出现发烧等状况，应及时告诉老师； 5. 幼儿须互相梳头发，然后请老师帮忙梳理头发，完成后学习用刷子刷洗梳子的正确方法	1. 幼儿应按时起床，主动跟随教师做舒缓的起床操，并轻声唤醒同伴起床； 2. 幼儿应自主整理被褥，掌握卷被子的正确方法，并将被子放置到柜子中； 3. 幼儿应依次排队穿好衣服和鞋袜； 4. 有序排队如厕和盥洗、自主饮水； 5. 若幼儿在起床后感觉身体不适或发现同伴有异常情况，应及时告诉老师； 6. 能力强的幼儿在卫生间内自行梳理头发，其他幼儿同伴应互相帮助梳头发，并请老师帮助梳理头发，梳完后需用正确的方法将梳子刷洗干净

第二部分 被动 VS 自主：环节融合，自主探究，优化一日活动质量

（二）教师常规行为要求

表 4　清洁整理

项目	责任人	常规要求	注意要点
盥洗如厕喝水	值班教师	1. 为保证幼儿个人卫生，教师应组织幼儿分组有序排队进行如厕、盥洗和饮水等； 2. 组织幼儿动静交替、衔接紧凑、彼此兼容、灵活有序地进行过渡环节； 3. 引导幼儿画出自己快乐运动的故事	每个幼儿在盥洗和如厕方面的需求都有所不同。在自主游戏时间，幼儿可以自主完成如厕、洗手和喝水等事项，以便满足自己的需求
	保育教师	1. 教师应引导幼儿有序排队如厕、盥洗和饮水，不发生拥挤、打闹的情况； 2. 教师应指导幼儿如厕时小便进池，不要溅到池外； 3. 女生如厕小便后，教师应指导其使用正确的方法善后，然后使劲按压冲厕按钮； 4. 如厕后，教师应组织幼儿有序排队洗手，使用七步洗手法洗干净双手，并用毛巾擦干净； 5. 教师应指导幼儿有序排队取水杯、倒入适量的温水，并在自己的位置上饮水	
整理衣服和物品	值班教师	1. 教师应及时表扬整理效率高的幼儿，并以此为整个班级树立榜样； 2. 对于那些不懂得整理的幼儿，教师应当多加关注并对其给予及时的指导	离园前，教师应当与家长进行沟通交流，并推行家园一致的自理能力养成教育，以帮助幼儿学会整理技能
	保育教师	1. 指导幼儿在衣帽间学会整理和收纳自己的物品； 2. 教师应指导幼儿学会正确挂衣服的方法。第一步是把衣服挂在衣架上，第二步是将拉链拉住。同伴之间可以互相帮助拉拉链，也可以自己拉拉链； 3. 教师应指导幼儿将衣服整齐地挂在相应的衣柜处，并将衣服前后展平整； 4. 教师应指导幼儿将物品整齐地放在衣帽间固定的位置，以便日常使用时方便取放； 5. 每周五是整理日，教师应指导幼儿分区擦拭家具，并分类整理区域内的材料和其他物品	1. 如果幼儿较多而导致拥挤，教师应及时分流幼儿到美工区整理衣服，然后再将衣服拿至衣帽间挂好； 2. 冬季，衣服变得较厚、较大、较长，因此教师应指导幼儿将衣服前后展平整并塞进衣柜中

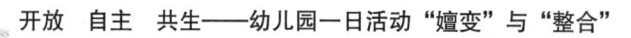

续表

项目	责任人	常规要求	注意要点
劳动活动	值班教师	1. 值日生工作：教师应及时表扬幼儿的工作情况，并指导幼儿根据职务认真工作，使用正确的方法擦拭桌子、摆放椅子、扫地和拖地等； 2. 每周五为整理日，值班教师应根据保育教师的反馈及时总结幼儿的工作情况	在反思讨论会上进行反思与总结，在放学前进行及时的表扬与鼓励
	保育教师	1. 值日生工作：教师应指导幼儿根据职务认真工作，使用正确的方法擦拭桌子、扫地、拖地等； 2. 每周五为整理日，教师应指导幼儿有序分区进行清洁整理，例如分类整理区域内材料、擦拭家具、整理班级各类物品等	—

表5 自主用餐

项目	责任人	常规要求	注意要点
自主餐点	值班教师	1. 关注幼儿用餐秩序； 2. 记录幼儿用餐情况； 3. 幼儿安静有序地自主用餐，不打扰同伴的活动	—
	保育教师	1. 引导幼儿有序排队盥洗； 2. 记录幼儿用餐情况； 3. 指导值日生擦拭桌子、柜子和整理物品等	
餐前	值班教师	1. 在活动室组织餐前活动，例如唱儿歌、玩游戏和学古诗等； 2. 进行文明用餐教育； 3. 用生动有趣的语言介绍餐点名称和营养，扩展幼儿认知、增进其食欲，鼓励幼儿不挑食、不剩餐、不洒落食物等； 4. 组织用餐，唱饭前感恩歌； 5. 教师按照七步洗手法正确洗手	小班幼儿：正确拿勺，独立用餐，不挑食； 中班幼儿：自主有序地取餐，正确使用餐具，细嚼慢咽； 大班幼儿：文明礼貌地为他人服务，正确地使用筷子，不狼吞虎咽
	保育教师	1. 在餐前，应做好桌面消毒工作（清洁和消毒）； 2. 11:00准时到教室门口接餐； 3. 指导值日生参与摆放餐具，须在固定位置摆放残渣盘和抹布； 4. 教师须穿上配餐服并戴上配餐帽，然后洗干净双手； 5. 到规定时间后，教师为幼儿打饭盛汤，并将饭菜放在安全、固定的位置	

第二部分　被动 VS 自主：环节融合，自主探究，优化一日活动质量

续表

项目	责任人	常规要求	注意要点
餐前	午班教师	1. 11:00 进入班级，协助早班教师组织活动； 2. 协助幼儿有序地做好餐前如厕和洗手； 3. 安抚幼儿的情绪，使其为愉快进餐做好心理准备； 4. 协助保育教师为幼儿盛饭	—
餐中	值班教师	1. 对于小班幼儿，教师须佩戴口罩和一次性手套进行盛饭、添饭；对于中大班幼儿，则让其按照规定的路线自主盛饭； 2. 鼓励幼儿吃各种食物，并在教师的帮助下吃完自己的一份。引导幼儿搭配食用面食和菜、干点与稀饭； 3. 提醒幼儿进餐时保持安静； 4. 巡视幼儿的进餐情况，并指导幼儿正确的用餐方法	根据幼儿年龄特点和个体差异，对于小班幼儿，教师须协助幼儿打餐。对于中班幼儿，各班教师须根据班级幼儿的发展情况制定幼儿自主打餐的规定。对于大班幼儿，保育教师须为幼儿发放第一份汤，然后幼儿可以自主打餐
餐中	保育教师	1. 盛饭菜时须动作轻柔，并根据幼儿的进食量为其盛饭，少盛勤添； 2. 与幼儿一起进餐（区域范围）	
餐中	午班教师	1. 与幼儿一起进餐（区域范围）； 2. 用餐后换早班教师进餐； 3. 11:40 提醒幼儿进行饭后漱口，并送餐具和收拾椅子	
餐后	值班教师	1. 提醒幼儿主动整理餐具，清理食物残渣并漱口； 2. 指导幼儿值日生的工作； 3. 负责教室卫生的打扫工作	大班幼儿自己清洗餐具
餐后	保育教师	1. 指导幼儿学习自我服务技能，例如清洗餐具、漱口、盥洗和如厕等； 2. 协助午班教师组织幼儿的散步活动	—
餐后	午班教师	1. 组织幼儿有序散步，强调不拥挤、不打闹等行为规范； 2. 组织幼儿进行一些简单的韵律游戏、唱童谣等活动； 3. 在天气晴朗的日子里，将散步活动扩展到户外，组织幼儿进行一些接近自然的小游戏，丰富幼儿的散步活动； 4. 组织幼儿如厕	在进餐环节中，早班教师负责引导和管理幼儿遵守行为规范，严格执行规章制度

表6　安静午睡

项目	责任人	常规要求	注意要点
睡前	早班教师	1. 整理寝室卫生环境，营造温馨的午睡氛围，拉好窗帘，根据需要开关窗户，调节好室温和光线； 2. 播放优美的轻音乐。提醒幼儿轻轻进入寝室，将脱掉的鞋子整齐摆放在固定区域； 3. 12:10交接班和休息	—
	保育教师	1. 做好衣帽间和卫生间的消毒卫生工作； 2. 做好幼儿体温登记工作	
	午班教师	1. 严格进行午睡前的午检工作，避免患病或身体状况异常的幼儿进入寝室； 2. 用轻柔的语言提示幼儿安静、独立入睡，建议幼儿右侧卧或仰卧； 3. 帮助入睡困难的幼儿入睡	午检： 一摸：检查有无发热情况（有可疑症状者须测量体温）； 二看：检查精神状态和面色等一般情况，以及传染病的早期表现，如咽喉等位置的皮肤有无皮疹等； 三问：询问饮食、睡眠、大便和小便情况； 四查：检查是否携带了不安全的物品，发现问题须及时处理

第二部分　被动 VS 自主：环节融合，自主探究，优化一日活动质量

续表

项目	责任人	常规要求	注意要点
睡中	午班教师保育教师	1. 全面关注幼儿的午睡情况，随时巡视，为蹬被子的幼儿盖好被子； 2. 使用温柔的语言和动作提示和调整幼儿的睡姿； 3. 适当开窗，保持寝室内空气新鲜，避免对流风吹在幼儿身上； 4. 轻声提醒并照顾常尿床的幼儿起床如厕，在发现幼儿尿床时及时处理，通知家长带来干净的衣裤，并清洗寝具等； 5. 鼓励幼儿在感觉身体不舒服或有异常情况时及时告诉老师； 6. 在幼儿出现高烧、惊厥、腹痛等紧急情况时，立即采取恰当的方式处理，必要时通知保健医生、相关人员或家长，并采取隔离措施，情况严重者立即送去医院就诊； 7. 在个别幼儿做噩梦哭喊时，教师要迅速赶到其身边，用轻柔的语言安抚或帮其调整睡姿，使其恢复平静继续入睡； 8. 提醒早醒的幼儿保持安静，不影响同伴	（1）每20分钟巡视一次，关注幼儿的睡姿和神态； （2）1:00—2:00保育教师休息
起床后	早班教师	1. 在2:20进入教室，协助午班教师做好组织幼儿起床工作； 2. 组织幼儿如厕，并协助幼儿整理衣服； 3. 为女孩子梳头； 4. 提醒幼儿多喝水	—
起床后	保育教师	1. 打水和饮水，并注意水温； 2. 协助幼儿起床，鼓励其自己穿衣服和整理衣服； 3. 整理床铺、打扫寝室卫生	—
起床后	午班教师	1. 轻声唤醒幼儿，观察幼儿精神状态； 2. 鼓励幼儿自己穿衣服、袜子和鞋子，并做好整理； 3. 组织幼儿喝水； 4. 将幼儿起床后的特殊情况及时补充到午睡巡视记录表中	—

【成人鹰架支持】

儿童的成长需要成人的帮助，尤其是在生活方面，这是一项长期的教育任务。在这个过程中，教师可以采取各种策略来帮助幼儿习得各项生活技能、养成良好的生活习惯，提高幼儿的自理能力、增强他们的自信心，使他们获得心理上的安全感和成就感。

支架一：图示法

图示法是利用图片的方式，随时随地把行为要求和规范物化在环境中，给予孩子一定的提示和支持。我们日常生活中最频繁的内容包括盥洗、如厕、喝水和整理衣物等。例如，当幼儿上完厕所不会提裤子时，教师应该这样引导幼儿："你是否遇到了困难？请看一下图片，第一步应该做什么？第二步呢？第三步呢？太好了，宝贝，你会自己提裤子了！"

支架二：儿歌法

儿歌的语句简洁明了，音韵流畅，易于上口，节奏轻快。我们可以将儿歌教学融入幼儿的生活和游戏活动中，使幼儿在活泼的韵律中学习生活技能。例如，当幼儿在卫生间玩水打闹时，教师可以用唱儿歌的方法引导幼儿，如"我们来比比谁的小手洗得最干净。两个好朋友，手碰手，你背背我，我背背你，来了一只小螃蟹，小螃蟹……"教师还可以在卫生间播放七步洗手法的儿歌音频，在儿歌的熏陶下，孩子们用七步洗手法洗手的效果会更加显著。

支架三：激励强化法

激励强化法指利用激发鼓励的方法，来强化幼儿良好的行为习惯或生活技能。通过激励的方法，激发幼儿内在的潜力，从而充分调动其积极性和主动性。例如，当小班的幼儿刚学会穿衣服和拉拉链时，教师可以每天鼓励他们："小夏同学，今天穿衣服用的时间比昨天减少了2分钟哦，而且衣服穿得很整齐，特别帅气！老师相信你明天穿衣服的速度会更快一些，加油！"

支架四：6S 定位法

6S 定位法是一种将物品不断整理、清洁以优化其状态的活动。该方法可以有效提高教师工作的质量和科学性，同时还可以更好地培养幼儿的秩序感和日常生活规范。这种方法可以使每个幼儿都清晰地知道物品的摆放位置和摆放方式，从而具有主人翁的仪式感和归属感。

支架五：家园共育

在孩子的教育过程中，家庭和幼儿园都不是单方面进行教育工作的。教师和家长为了一个共同的培养目标，需要思想和行动都保持一致，实现家园共育，从而更好地促进幼儿全面发展。例如，大班幼儿刚开始使用筷子吃饭时，有部分幼儿抓握筷子的方法不正确。这时，教师需要及时与家长沟通，分析幼儿抓握筷子的情况，并给家长提供抓握筷子正确方法的短视频。鼓励家长在家中继续让幼儿使用筷子，并每天拍下其使用筷子的照片给教师看。教师会及时表扬幼儿，强化他们使用筷子的兴趣和能力。例如，教师可以说："哇，今天小天进步很大哦！你已经可以牢牢地抓住筷子，而且能够夹这么多的菜。加油！相信明天你可以更加灵活地使用筷子哦！"

【资源包】

（一）儿歌类

图 1

（二）材料类

容器类

图 2

第二部分　被动 VS 自主：环节融合，自主探究，优化一日活动质量

图 3

图 4

图 5

家具类

图 6

图 7

图 8

第二部分　被动 VS 自主：环节融合，自主探究，优化一日活动质量

【案例分享】

案例一　陪餐的幸福时光（小班）

愉快的午餐时间，小班的小朋友们在安静地享用午餐。我和景老师分别坐在美工区和"娃娃家"，与小朋友们一起共享美食。坐在我身边的妃儿没有吃饭，看起来有点不开心。于是我轻声问道："妃儿，怎么不吃饭呢？今天的饭菜特别香哦！"妃儿一脸想哭的表情，说道："我想妈妈了，我要妈妈。"我安慰妃儿说："妃儿，吃完饭妈妈就来接你了，我们就放学了。"妃儿慢慢地开始吃饭了。

反思：今天，我和小朋友们一起享用美味的午餐时，发现妃儿的情绪有异，我及时安抚了她的情绪，并与她进行了简短而有针对性的交流。我明确告诉妃儿，吃完饭就可以见到妈妈了，帮助她平稳度过了焦虑期。师生共进午餐不仅可以作为一种自然的社会情境，教师也可以借此机会开启与小朋友们的轻松愉快的谈话，关注每个小朋友的情绪状态，及时与之沟通交流，支持他们的想法，并帮助他们找到解决问题的方法。

案例二　值日生工作（中班）

在餐前准备阶段，中班的值日生佩戴着值日生牌，在教室各个区域中忙碌地分发碗和勺子等餐具。皓越高声喊道："老师，我们这个区域还没有碗。"老师回答道："请值日生们观察自己的值日生牌，负责为图书区分发餐具的是谁呢？"睛睛小朋友回答："是我。"老师说："睛睛，下次一定要先看清自己的值日生牌再开始工作，不要忘记了。"

反思：在此类情况下，我没有直接告诉小朋友们是谁负责分发图书区的餐具，而是提示他们再次查看值日生牌。在查看包含图片和文字的值日生牌时，小朋友们了解了自己应承担的职责，从而在执行相应的任务时有条不紊、准确无误。这样的方式有助于幼儿发展自己的读写技能，有序地开展自己的工作，学会为他人和自己服务。

案例三 有序的睡前时光（大班）

大班的小朋友们正在有序地进行睡前准备工作。他们依次排队自行测量体温、登记体温、解开衣领。一一小朋友作为午检小班长，正在认真地进行午检：一摸额头、二看嘴巴、三看小手、四拍口袋、五说午安。小朋友们自觉地将口袋中的物品放入盒子里。进入睡前如厕环节，盥洗监督员站在卫生间门口，提醒每位小朋友如厕。回到寝室后，小朋友们静悄悄地走到自己的区域，整理衣物、脱鞋子、摆放鞋子、找床铺并盖好被子，安静地躺下。

反思：在一日常规管理中，我们巧妙地发掘幼儿的主人翁意识，为孩子们设置了多种岗位，如"午检小班长""盥洗监督员"和"整理监督员"等，尽可能创造更多机会，让更多孩子以各种角色活跃于班级管理中。我们建立了定期竞聘上岗的管理制度，为幼儿提供自主选择工作岗位的平台，让他们有效地参与班级管理工作。通过这样的方式，我们培养了孩子们良好的生活习惯、时间感和秩序感，推动了孩子们自主和社会意识的发展。

【教师心语】

教师应创设更多自主和自由的空间，提升幼儿的自我服务和自我管理能力，满足幼儿全面发展的需求，培养幼儿的独立意识，使每个幼儿在获得快乐和自信的同时，也养成良好的习惯，获得智慧。

——关宇霞　10年教龄

教师应让幼儿具备支配和控制自己生活的能力，能够根据自己的意愿，在自己的探索和尝试中逐渐解决问题，快乐而有意义地度过幼儿园生活。

——崔曦文　3年教龄

班级中的多位教师需要分工协作、默契配合，为幼儿创造安全、有序、温馨的生活环境，帮助他们自然、有序地进行交往和表达，让他们享受幼儿园生活的愉悦。

——景瑞　4年教龄

第二部分　被动 VS 自主：环节融合，自主探究，优化一日活动质量

游戏时间
——用自主游戏点亮童年

【我们的思考】

游戏不仅仅是幼儿积极主动地探索和认识周围世界的基本活动形式，也是幼儿与周围成人和伙伴交往的基本途径。《3-6岁儿童学习与发展指南》指出："要珍视游戏和生活的独特价值，创设丰富的教育环境，合理安排一日生活，最大限度地支持和满足幼儿通过直接感知、实际操作和亲身体验获取经验的需要。"

我园结合幼儿园的空间和环境，创设了"星际 PA 游戏"课程。在游戏中，PA 代表聚会，意味着让幼儿聚在一起玩游戏。这个游戏的目的在于为幼儿创造丰富多样的游戏空间，提供多样化的游戏材料，并保证充足的游戏时间，鼓励幼儿在游戏中根据自己的兴趣进行自主、自由的探究性活动和个性化学习。"星际 PA 游戏"分为室内自主游戏和室外自主游戏，本章将重点介绍室内自主游戏。

【活动概览】

室内自主游戏包括班级 6+1 区域游戏和主题场馆体验游戏两大板块。

（一）游戏区域设置

我园利用建筑特点和空间环境创设了 8 个功能体验馆和 16 个游戏区，

分别是：

1. 主题场馆体验游戏

表1

楼层	功能	功能馆
一楼：星球站	感知了解	博物地台、流星花园、音乐厅、光影屋
二楼：天街站	角色体验	时空邮局、面粉博物馆、百变大咖秀
三楼：云端站	科学探究	探究墙面、乐高室、小王子图书馆
四楼：创客空间	表现创造	扎染坊、布艺坊、线工坊、沙画、陶艺吧、木工坊、纸艺坊、色彩吧、国画、刻板年画、线描画、印象美术馆

2. 班级6+1区域游戏：即6个基本区域+1个特色区域

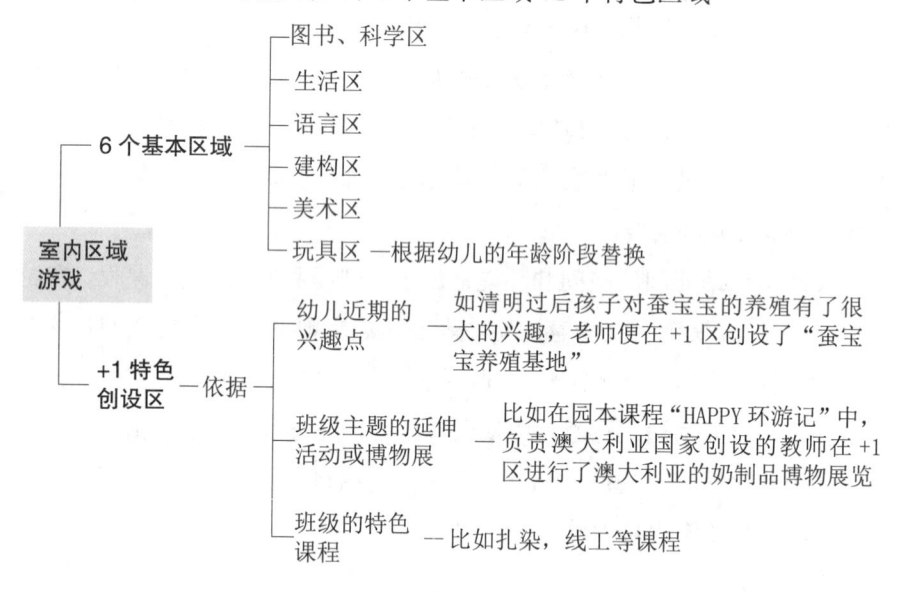

室内区域游戏
- 6个基本区域
  - 图书、科学区
  - 生活区
  - 语言区
  - 建构区
  - 美术区
  - 玩具区 ——根据幼儿的年龄阶段替换
- +1特色创设区 ——依据
  - 幼儿近期的兴趣点 ——如清明过后孩子对蚕宝宝的养殖有了很大的兴趣，老师便在+1区创设了"蚕宝宝养殖基地"
  - 班级主题的延伸活动或博物展 ——比如在园本课程"HAPPY环游记"中，负责澳大利亚国家创设的教师在+1区进行了澳大利亚的奶制品博物展览
  - 班级的特色课程 ——比如扎染，线工等课程

图1

+1的特色区域主要是根据幼儿的特殊需求和课程的延伸所设定的实践探索区。

（二）活动形式

主题场馆体验游戏活动形式为中大班混龄游戏，每周进行2次，共8

第二部分 被动 VS 自主：环节融合，自主探究，优化一日活动质量

节活动。

班级 6+1 区域游戏活动形式为每天 1 个小时的自主选择区域游戏。

【环境准备】

（一）主题场馆体验游戏

1. 常规环境准备

图 2

签到桌、主题场馆标识牌、场馆游戏工作牌、一本《星际 PA 游戏手册》、主题场馆分布及路线图和工作服。

2. 材料投放——各主题场馆材料投放清单

◆流星花园

图 3

表2　流星花园

	主材料	辅助材料
食品类	仿真甜品、玫瑰花茶、奶茶、咖啡	新鲜水果、蔬菜、菜单、仿真货币
工具类	茶杯套件、榨汁机、盘子、杯子、案板、刀、甜品台、保温桶	
道具	围裙	
营造氛围类	桌子、桌布、摆件、图书	

◆ 面粉博物馆

图4

表3　面粉博物馆

	主材料	辅助材料
食品类	仿真面点、面粉、调料	鸡蛋、牛奶、水果、工具书
工具类	案板、刀、擀面杖、饼干模具、打蛋机、电磁炉、电饼铛、电饭煲、榨汁机、烤箱、锅、盘子、盆、水晶盘子、甜品架、水晶罐子、包装袋、小垃圾桶、桌面扫帚、铲子、勺子、油壶	
道具	围裙	
营造氛围类	桌子、桌布、摆件、图书	

第二部分　被动 VS 自主：环节融合，自主探究，优化一日活动质量

◆百变大咖秀

图 5

表 4　百变大咖秀

	主材料	辅助材料
服装类	小狗、小猫、小猪、青蛙、河马、老虎、龙、狮子动物衣服；各类表演裙子、西装；各类动漫服装、鞋子、帽子	相机、衣架、各类海报
饰品类	各类卡子、发带、手链、项链、耳饰、发箍	
工具类	口红、眼影、眉笔、腮红、睫毛膏、彩绘笔、镜子	

◆小王子图书馆

图 6

· 133 ·

表5 小王子图书馆

	主材料	辅助材料
工具类	油画棒、彩笔、纸、卡纸、胶带、打孔器、订书机、订书针、胶棒、手偶	沙发、靠垫、毛绒玩具、音响
图书类	情绪类、友情类、亲情类、学习品质类、技能类绘本	

◆探究墙面

图7

表6 探究墙面

	主材料	辅助材料
工具类	四子棋、缤纷魔方、数字玩玩乐、益智游戏、圆柱、钻石积木、音乐之旅、线索游戏、锁、迷宫游戏、灯	—

◆扎染坊

图8

第二部分 被动 VS 自主：环节融合，自主探究，优化一日活动质量

表7 扎染坊

	主材料	辅助材料
工具类	木夹子、皮筋、白盘子、一次性手套、染料、挤压瓶、滴管、面巾纸、剪刀	衣架、绳子、工具书
布类	白色方巾、白短袖、白色手提包	

◆布艺坊

图9

表8 布艺坊

	主材料	辅助材料
工具类	剪刀、胶棒、白乳胶、纸、彩色笔、筐子、托盘	一次性盘子、盒子、作品框、欣赏图
布类	各种材质、各种颜色的布料	

◆线工坊

图10

表9 线工坊

	主材料	辅助材料
工具类	传统织布机、新式织布机、大号刺绣、小号刺绣、大号圆形编绳器、小号圆形编绳器、方形编绳器、弓形编绳器、波浪形编织器、圆环编织器、小号圆形围巾编织器、大号圆形围巾编织器、长方形围巾编织器、手绳编织木架、黑色展示架、作品架、爱心棉针织毛线、中国结线材、珊瑚绒毛线团、钩针、剪刀、筐子	工具书
布类	各种材质、各种颜色的布料	

◆陶艺吧

图11

第二部分　被动 VS 自主：环节融合，自主探究，优化一日活动质量

表 10　陶艺吧

	主材料	辅助材料
容器类	大缸	工具书、陶艺摆件
服装类	围裙	
工具类	转台、拉胚机、刻刀、切泥弓、擀泥杖、木杆吸水海绵、调色盘、刮刀、海绵、勾线笔、扫灰笔、釉下彩	

◆沙画

图 12

表 11　沙画

	主材料	辅助材料
工具类	沙画台、清扫工具	欣赏作品

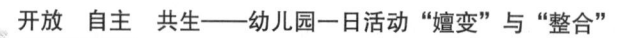

◆木工坊

图 13

表 12　木工坊

	主材料	辅助材料
服装类	工作服、护目镜、手套	木工造型、欣赏图、工具书、操作流程指示板、安全提示牌
工具类	工具袋、卷尺、杆夹、榔头、手锯、锤子、螺丝刀、锉刀、手工锯、小锯、铇、锉刀、墨斗、墨汁、车床、尺桌、切割器、插笔器、颜料台、小桶、颜料、编织筐、飞机模型、房子模型、推土机模型	

◆纸艺坊

图 14

第二部分 被动 VS 自主：环节融合，自主探究，优化一日活动质量

表13 纸艺坊

	主材料	辅助材料
服装类	工作服、手套	工具书、剪纸、裱框
工具类	材料筐、牛皮纸袋、纸浆、空白扇子、各色卡纸、皱纹纸、瓦楞纸、冰棍木棒、麻绳、纸绳、胶带、剪刀、彩笔、多用途修补胶、蜡笔、纸伞、废报纸、纸箱、干花、纸杯、扇子、纸盘、胶枪、热熔胶棒、白乳胶、灯笼、干叶子	

◆色彩吧

图15

表14 色彩吧

	主材料	辅助材料
服装类	围裙、手套	工具书、欣赏作品、裱框、摆件
纸类	4k水粉纸、海绵纸、4k彩砂纸、刮画纸、生宣、四尺夹宣、净皮双层夹宣、8k彩卡、镜面软卡	
笔类	24色水彩笔、双头记号笔、大白云、小白云、中白云、勾线笔、水粉笔、玛丽铅笔、油画棒、刮画笔	
工具类	木质收纳盒、彩色毛球、得力削笔刀、花边剪刀、剪刀、毛根、美工刀、平头刮刀、黑白眼珠、毛笔架、砚台、国画颜料、调色盘、羊毛毡、中号白瓷盘、刮画纸、小喷壶、洗笔器、木架推车、木画架、垃圾桶、海绵拖布、布拖布、大喷壶、塑料小刷子、丙烯颜料、海绵拓印工具、3寸铁油滚、橡皮、木刻刀、墨汁、白色团扇、手指画颜料、吹塑板、版画油墨	

（二）班级6+1区域游戏

1. 环境准备

选区指示板、选区卡、计划本、区域标识牌、表征记录本

2. 材料投放

◆美术区

图16

第二部分 被动 VS 自主：环节融合，自主探究，优化一日活动质量

表 15 美术区

	主材料	辅助材料
工具类	粘贴固定工具：糨糊、固体胶棒、胶水、白乳胶、透明胶座及透明胶带、双面胶、订书机及订书针、橡皮筋绳子、带子、夹子等 裁切工具：安全剪刀、戒刀、花边剪刀、打洞机等	画架、水桶、桌布、塑胶布、垃圾桶、塑料筐、擦手毛巾、海绵、小碟子、防水围裙、工作罩衣、抹布、刷子、丝网、滚筒、夹子、工具书、欣赏图
笔刷类	油画棒、水彩笔、蜡笔、粉笔、排笔、彩色铅笔、勾线笔、水粉画笔、毛笔、毛刷、马克笔等	
印刷类	各类印模、印台、印章、油墨、滚筒、简易版画工具等	
各种纸张	书面纸、色纸、玻璃纸、蜡光纸、瓦楞纸、报纸、挂历纸、包装纸、卡纸、水粉纸、海绵纸、牛皮纸、皱纹纸等及纸张边角料	
雕塑类	黏土、陶土、面包土、橡皮泥、面粉团等塑造材料和擀面棍等塑造工具及铸模器材	
缝制类	大针孔的针、线、织布机、绣花绷子、花布、白布、毛线、编篮、十字绣等工具和材料	
颜料	广告颜料、水粉颜料、丙烯颜料、墨汁等	
废旧材料	棉签、毛线、纸板、牙签、纸巾轴、空瓶、空罐、扣子、贝壳、干果壳、五谷、纸盒、瓶盖、吸管、纸杯、免洗筷、衣物花边、碎布、铁丝、铜丝、石头、光盘等，随时收集补充	
其他	各色珠、小鱼的眼睛、亮片、各色小软团球、白扇、蛋糕盘、净色脸谱、泡沫蛋、毛根、冰棍杆、压扎枕、各色棉线、各色长吸管及粗吸管	

◆语言区

图 17

表 16 语言区

	主材料	辅助材料
视听角	1. 录音机、故事磁带、耳机，供幼儿自行操作听故事； 2. 听声辨音、辨音猜物、录音播放、传话游戏、听指令做动作	—
讲述角	电视机、看图讲述、故事表演、聊天、演说、语言棋、图片操作讲述； 相册：内有班级幼儿的相片，他们的家人与邻居的相片，幼儿正在工作与游戏的相片，户外进行活动或特别事件的相片等； 说故事的道具：如手偶、木偶、指偶、自制的场景操作台等； 自制材料：连环故事图卡：从报废的故事书中，取出完整而连续的数页图卡过塑，可制成一套套故事图卡	—

第二部分　被动 VS 自主：环节融合，自主探究，优化一日活动质量

续表

	主材料	辅助材料
阅读角	各种儿童读物如：童话故事、儿童杂志、字母书、自然科学图画书、民间故事，以及有关动物、昆虫、植物、人体、生活规范、生理、心理等故事，供幼儿多样性选择；制作图书、电脑阅读、电视阅读、拼拼读读、字母图卡配对、各种标志，符号的图片；自编图书材料，海报，明信片，贺卡，废旧图书，月历（小台历），挂历，照片，邮票等	—
书写角	贴字、捏字、沙上写字、画大字、剪大字、排字游戏	—
设施设备	适宜摆放图书的书架、沙发、软靠背垫；桌椅、小沙发、装订机、胶水、剪刀、小夹子	—
制作图书的工具和材料	提供动物、人物或文字印章、印台、便条纸、多种颜色的铅笔、钢笔、蜡笔、马克笔等，供幼儿玩盖章、造词、造句；提供订书机、订书针，将幼儿自己盖章或自己绘图的纸张装订成册，成为幼儿自制小书	—

◆建构区

图 18

表17　建构区

	主材料	辅助材料
成品材料	1. 不同形状、不同材质的小、中、大型积木，插塑、木板； 2. 摆放材料的柜子或大的塑料筐、纸箱； 3. 色彩、图案较统一的地毯、海绵垫	小木偶，各种动物、昆虫、小木屋模型，各种交通标志、社区标志，车辆、各种花卉、幼儿的家庭、邻居家的照片，幼儿积木建构作品的照片和图案，箱盒、牛奶罐、饮料罐、奶粉罐等
工具类	各种用以绘画、记录的笔、纸张，胶带	

◆图书、科学区

图19

第二部分 被动 VS 自主：环节融合，自主探究，优化一日活动质量

表 18 图书、科学区

	主材料	辅助材料
操作游戏类	1. 成品玩具或材料： 七巧板、乐高组合玩具、几何形状拼板、各种拼图、穿线板、子母扣、接龙玩具、彩蛋娃娃、橡皮筋、钉板、子母套杯、套盒、镶嵌积木、以形状分类嵌通的形状模型、各种宾果游戏卡（如颜色、动物、数字、文字、几何图形等）、纸牌、游戏棒、记忆卡、大小木珠或塑料珠、大小雪花片、套锁小方块、多米诺骨牌、象棋、围棋、五子棋、跳棋、蒙氏教具等； 2. 教师自制的玩具或材料： 迷津游戏图、各种自制的转盘游戏板、接龙卡、统计图表等； 3. 收集各种真实的材料： 钟面或真实的时钟、硬币、供幼儿测量的工具（吸管、尺子等）、钥匙和锁等； 4. 收集各种自然材料或废旧材料： 豆子、夹衣夹子、扣子、瓶盖等	—
科学类	物理科学 1. 空气：大小透明塑胶袋、橡皮筋、透明玻璃杯、盛水脸盆、大气球、天平、纸杯、吸管、木块、碎纸片、风车、风筝、纸飞机等； 2. 水：大水盆、各种玻璃瓶、塑胶杯子、勺子、吸管导管、长水管、漏斗、喷枪、肥皂、制冰盒、滴管、量杯、量勺、海绵、水车、方糖、食用油、酱油、沉浮物件等； 3. 土、沙、石：塑料盒子、漏斗、放大镜、铲子、漏网、搅拌器等； 4. 光与影：三棱镜、凸透镜、凹透镜、镜片、投影仪、水、报纸、放大镜、板、玻璃纸、手电筒、色纸、时钟、纸影戏台、窗花、细绳等； 5. 磁力：各种磁铁、棉线、水盆、厚纸片、回形针、塑胶片、剪刀、指南针、各种铁制和非铁制物品、挂勾架、小纸盒等； 6. 声音：音叉、手表、小石子、装水气球、漏斗、细铁丝、吉他丝、录音带、各种小乐器、日用品、豆子、米粒等； 7. 电：大/小电池、小灯泡、电子积木、电线、刀片、胶带、粗吸管、铜丝、铝片、厚纸片、纸盒、纸杯、手电筒、旧的小家电、气球、碎纸片、木块、绒布等； 8. 力：转轮、滑轮、天平、电子秤、米尺等	—

续表

	主材料	辅助材料
数学类	一、数字和运算 1. 点数：扑克牌； 2. 一一对应：简图游戏、同类物配对、罐子与盖子、汽车与车库； 3. 认识数字：计算器、游戏卡、磁性数字和数字拼图、橡皮泥、黏土制作的数字、数字拓印； 4. 书写数字； 5. 数数与数物配对：扑克牌钓鱼、多米诺、钓鱼游戏 二、几何与空间意识材料 1. 形状分类； 2. 不规则盒子形状； 3. 制作形状（不同材质材料）； 4. 乐高、立方体积木块、七巧板； 5. 镜子 三、测量材料 1. 比较不同大小的物体并排序：套娃、套杯； 2. 测量工具： （1）秤、天平； （2）量杯、量筒与量勺； （3）测量长度的卷尺、直尺、齿轮测量工具、码尺、米尺； （4）制作时钟和计时器、秒表； （5）自制材料：南瓜、葫芦，用于测量圆周、重量、长度和高度；厚纸板条，用于制作直尺 四、可供分类排序、数数和模式认知的材料 贝壳、瓶盖、手表、织物样品、 石头、树叶、钥匙、墙纸样品、 松果、羽毛、石头、螺帽与螺栓、 树叶、弹珠、纽扣、小动物模型、 硬币、珠子、图片（如：有毛与无毛的动物）、 玩具车、各种铃铛	—

第二部分 被动 VS 自主：环节融合，自主探究，优化一日活动质量

◆生活区

图 20

表 19 生活区

	主材料	辅助材料
娃娃家	1.餐具（真实的或玩具）：盘子、碗、杯子、小碟子、勺子、叉子、筷子等； 2.烹饪及供餐的器具：五谷、自制蔬菜、点心，供幼儿制作点心、蔬菜等食品的面团或橡皮泥； 3.烹饪（真实的或玩具）：壶、锅、炒锅、电饭锅等；刀、铲、漏勺、汤勺等；各种调料瓶及装食品的容器等； 4.娃娃、动物公仔、娃娃床、床上用品、婴儿车、婴儿用品（如奶瓶、尿布、衣服、围兜等）、电话（真实的或玩具）、镜子、扫帚、垃圾铲等； 5.打扮用的衣服及配件：帽子、鞋子、皮包、围巾、珠宝、领带、皮带等；	圆形的桌子和几把椅子等
医院	听诊器、棉签、空药盒、空药瓶、护士帽、白衣服、胶布、纱布、玩具注射器、电筒等	—
超市	各种食品、日用品的包装盒和罐子、货架、玩具、水果、玩具面包、电脑键盘等	—
餐厅	帽子、围裙、杯子、吸管、桌布、菜单、点菜小本子、铅笔、各种食品、抹布、镊子等	—
邮局	信封、用过的邮票、印章、印台、贴纸、废旧的邮件、自制的邮筒、纸和笔等	—
厨房	工作服、烤箱、榨汁机、电饼铛、打蛋机、锅、案板、刀、陶瓷餐具、水晶盘子、削皮刀、擀面杖、叉子、调料盒等	蔬菜、水果、调料、小视频

◆玩具区

图 21

表 20 玩具区

	主材料	辅助材料
分类	弹子游戏、嵌套和堆叠玩具（杯子、盒子、积木、圈、罐），学习算术用的奎茨奈颜色棒、珠子和细线，分类积木、天然材料（贝壳、石块、松果、豆荚）、纽扣	—
组装拆分	乐高积木、洗碗机、螺母和螺栓、钉和钉板、磁铁、拼插积木	—
角色扮演	木偶、计数用的熊、微缩动物模型、小人、木头村庄（城市、农场）	—
游戏	拼图、弹子、多米诺骨牌、简单的纸牌游戏、简单的棋牌游戏	—

第二部分　被动 VS 自主：环节融合，自主探究，优化一日活动质量

◆ +1 特色区

图 22

表 21　+1 特色区

	主材料	辅助材料
主题"蚕宝宝"	图书：《神奇的蚕宝宝》《你好，蚕宝宝》《蚕宝宝上山》 动植物：蚕宝宝、桑叶 工具：画纸、笔	清扫工具、手机、盒子

（三）心理环境

在整个区域游戏时间中，一定要赋予孩子自主选择的权利，营造自由、自主、愉悦和轻松的游戏环境。在游戏中，我们应该鼓励孩子与同伴亲密交流、勇于表达自己的想法。同时，我们也要鼓励他们自主解决问题、勇于尝试，让他们感受到游戏的乐趣。

【常规要求】

（一）主题场馆体验游戏

表22　主题场馆体验游戏

环节	幼儿常规要求	小馆长常规要求	教师常规要求
活动前	1.幼儿清楚自己所选择的功能室，并知道其名称	—	1.教师应提前规划功能室容纳的幼儿人数，并分配名额到各班招募幼儿； 2.可与小馆长合作，录制场馆宣传视频，并发给各班进行学员招募； 3.功能馆备课应在每周一之前完成； 4.功能馆材料应在每周二进行检查和填充； 5.应提前准备好功能馆的环境布置，包括签到桌、签到表、星际PA游戏手册、工作牌、工作服和馆长胸章等
计划时间	1.早上9点，幼儿应佩戴工作证，自行前往场馆； 2.完成个人工作计划或设计图； 3.了解并遵守功能馆活动规则： ●公共区域保持安静 ●爱护材料轻拿轻放 ●认真思考大胆尝试 ●以大带小团结友爱	第一节课为招募小馆长，小馆长应能够自信大方地介绍场馆的名称、功能、材料和内容等	1.9:05点名，确保掌握每位幼儿的行踪（是否到场）； 2.指导幼儿做计划； 3.与幼儿共同制定场馆约定； 4.根据幼儿的水平和兴趣，随机调整课程计划
工作时间	1.幼儿自主选择游戏材料和同伴进行游戏； 2.遵守区域的游戏规则； 3.幼儿能够专注地操作游戏材料； 4.在活动中主动照顾同伴； 5.遇到问题能够积极想办法解决； 6.爱惜材料，能够及时整理	—	1.介绍场馆游戏名称和所用材料等相关信息； 2.鼓励幼儿自主选择游戏材料，并与同伴亲密交流，勇于探索； 3.教师在幼儿活动过程中应关注其进展，并适时提供专业支持； 4.及时记录幼儿在活动中的精彩瞬间和童言童语； 5.重点关注幼儿和游戏材料的互动，确保材料投放适宜

第二部分 被动 VS 自主：环节融合，自主探究，优化一日活动质量

续表

环节	幼儿常规要求	小馆长常规要求	教师常规要求
回顾时间	1. 音乐响起，将所有活动材料物归原处，围坐进行活动回顾； 2. 回顾时认真聆听，积极主动与老师和同伴分享自己的游戏故事； 3. 听从馆长的安排，将工作牌放好，拿起游戏手册回到教室	协助老师整理游戏材料	1. 活动结束前10分钟组织幼儿进行活动回顾； 2. 整理活动材料； 3. 预告下一次游戏，以激发幼儿的游戏欲望
备注	1. 功能场馆游戏的形式为小班年级组联动、中大班混龄联动； 2. 特别说明：使用了双馆长制管理机制 主题场馆管理采用了双馆长责任制，其中大馆长（责任老师）负责教学计划的实施，小馆长在大班幼儿中招募，主要负责招募学员，并宣传场馆		

（二）班级区域游戏

区域活动，是幼儿自主学习的一种重要活动形式。它以获得快乐和满足为目的，以动手操作和摆弄为途径，是幼儿主动解决问题的一种独特方式。我们以高宽课程理念为指导，采用"计划—工作时间—回顾"的模式组织活动。在这个过程中，幼儿自行制订活动计划、实施工作，并进行回顾。

表23 班级区域活动

环节	幼儿常规要求	教师常规要求	
		带班	副配
计划时间	1. 幼儿自主选择区域，并在所选区插入工作牌； 2. 幼儿用语言、动作和绘画等形式来表达自己的计划； 3. 在教师的带领下，幼儿回顾区域的规则； 备注：小班幼儿使用口头计划，中大班幼儿使用书面计划	1. 幼儿选好区域后，在总卡盒处拿取计划本，然后在所选区域内开始制订计划； 2. 巡回指导幼儿制订计划，重点指导他们设置区域标识、确定游戏内容和选择伙伴； 3. 引导幼儿将计划本放置在本区域的卡盒内，并开始游戏	负责本责任区幼儿的管理

续表

环节	幼儿常规要求	教师常规要求	
		带班	副配
工作时间	1. 幼儿自主选择材料和同伴进行游戏； 2. 遵守区域的游戏规则； 3. 幼儿能够专注地操作游戏材料； 4. 在活动中能与同伴亲密交流； 5. 遇到问题能够积极地想办法解决； 6. 爱惜材料，并能够及时整理	1. 进入区域后，有计划地观察幼儿与材料的互动，并用拍照、录像和文字记录的方式记录幼儿的行为表现； 2. 在自己的视线范围内有效指导和参与幼儿活动，鼓励幼儿发挥想象力和创造力，并兼顾全体幼儿，确保区域活动有序进行； 3. 关注幼儿的精神状态和身体状况，出现问题时及时按规章、流程做好应急处理； 4. 音乐响起后，组织幼儿整理材料	1. 重点负责生活区的活动，包括活动前的区域环境和材料准备； 2. 在活动中负责幼儿的操作指导和作品呈现等
回顾时间	1. 区域活动结束后，听到音乐时，按顺序整理好材料并归位； 2. 幼儿可以通过语言、动作和绘画等方式表达自己的活动经历，并展示自己的作品； 3. 活动中或活动后，幼儿应在指定位置取出自己的记录本，自主使用符号和图画方式记录游戏故事。记录完成后，幼儿应使用文字形式白描式记录自己的游戏故事交给老师； 注：小班幼儿口头回顾，中大班幼儿书面回顾	1. 听到音乐后，迅速引导幼儿将材料放回原位，重点指导积木区幼儿按类别整理； 2. 组织各自区域的幼儿进行活动回顾，搜集好的作品进行回顾展示； 3. 教师认真倾听每一位幼儿表述的游戏故事，并做白描式记录； 4. 鼓励幼儿讲述自己有意义的经验	1. 协助幼儿开展区域材料整理活动，提醒幼儿将物品整理好并放回原位，摆放整齐； 2. 幼儿整理完成后，做好每个区域材料摆放检查工作； 3. 协助带班教师做好回顾活动的时间安排和规则教导，并提醒幼儿遵守规则
备注	—		

第二部分　被动 VS 自主：环节融合，自主探究，优化一日活动质量

【成人鹰架支持】

区域游戏是指教师根据幼儿发展的需求，有目的、有计划地提供多种材料并创设丰富的环境，让幼儿在轻松和谐的氛围中按照自身能力和意愿自主选择学习内容和活动伙伴，并积极地进行探索和交往的活动。作为一种学习性活动，区域游戏不仅能够增强幼儿学习的主动性、积极性和创造性，而且还能提高幼儿的操作能力和思维水平。

因此，教师需要充分尊重幼儿，通过观察了解幼儿当前的经验基础、兴趣需要和发展水平，灵活把握指导要点，有目的地设计并提供符合幼儿智力发展水平的环境材料。同时，教师需要不断调整、更新教育环境和内容，以便让幼儿在与环境的相互作用中主动、积极、创造性地发展。

支架一：创设轻松、自由、动态的游戏环境，支持幼儿游戏

1.明确室内区域环境创设的特点：

（1）自主。

（2）有序。

（3）方便取放物品。

（4）美观。

（5）具有家庭般的氛围。

（6）能够不断激发幼儿好奇心。

（7）支持幼儿深度学习。

2.通过三个路径来进行区域管理：

整：合理布局，整体规划

（1）列出满足幼儿需求的基本区域。

（2）规划时尽可能考虑墙面、地面和空间的特点。

（3）满足大组、小组和个别幼儿学习的需要。

（4）注意水源和光源的配置。

（5）动静分开，避免互相干扰。

（6）考虑使幼儿出入方便，并制定活动路线图。

（7）幼儿活动应在教师视线范围之内。

（8）设计符合幼儿年龄特点的环境。

（9）美观、有趣、具有吸引力。

（10）确保安全。

细：幼儿视角，深化细节

（1）设计独特的风格。

（2）考虑幼儿的视角。

（3）确定色彩搭配以维持环境简洁。

（4）确保安静和雅致的环境。

变：适时支持，不断变化

教师需要不断观察幼儿的需求和兴趣点变化，给予相应的环境支持。同时，针对不同的季节、节日和节气，也需要调整和更新环境以适应变化。

支架二：科学投放区域材料，提高区域游戏的质量

在为幼儿选择材料和设备时，需要仔细考虑类型和数量，以及放置地点和投放方式。在幼儿游戏的过程中，要确保他们在任何地方都有可用的材料，并且能够以自己需要的方式进行操作，从而实现自己的计划并解决所遇到的问题。

（1）材料投放要有目的性。

区域活动的目标应紧紧围绕《3-6岁儿童学习与发展指南》的目标，将目标物化在游戏中。区域活动的内容也应随着目标的变化而相应地进行调整，以便于让幼儿在接受集体教学的同时，更好地在区域活动中达到教学目标。只有区域活动的内容与教学目标相联系，幼儿才能在游戏中得到相应的学习与发展。

（2）材料投放要有层次性。

区域活动材料的丰富程度直接关系到幼儿活动的质量。因此，在投放材料时，需要提供难度不同的材料，按照由浅入深、从易到难的要求，使材料细化，以满足不同阶段的教育目标和不同水平幼儿的需求。

第二部分　被动 VS 自主：环节融合，自主探究，优化一日活动质量

（3）材料投放要有多样性、开放性和充足性。

幼儿的兴趣各异，他们需要各种各样的材料来进行游戏和学习。因此，教室里的各个区域需要储备一些开放性材料。例如，可以收集一些自然的材料，如树枝、石块和落叶等，以供幼儿探索、操作和体验。充足的材料可以方便多名幼儿同时在某一特定区域进行游戏，并为幼儿在游戏中提供了多样的选择，从而帮助他们更好地实现计划。

例如，为了庆祝母亲节，小晗决定为妈妈制作一个小礼物。她在美术区选择了一张粉红色的彩纸，并将其折叠成了一个包包形状。接着，她选择了毛根作为手柄，并用压花机压出花瓣进行粘贴装饰。最终，她成功地完成了包包，并为此感到非常高兴。此外，她还选择了串珠，为妈妈串起了一串项链。

因此，多样化的材料为幼儿提供了广泛的游戏体验，使他们能全面发展。

（4）材料摆放应该分类清晰。

为了让幼儿在整理材料时不会感到困惑，教师需要在开放的、低矮的架子上或透明容器里将材料分类摆放。这样的方式既方便了幼儿轻松顺利地拿取和整理物品，也体现了教师的智慧。

（5）材料投放要切合主题。

班级区域活动不是单独开展的，而是与主题活动密切相关的。如果有新的主题活动，教师需要及时将其材料投放到活动区域中，以便幼儿在后续的探究和操作活动中继续进行与主题活动相关的学习。

例如，在主题活动"多彩的春天"中，每个区域内均投放了大量有关春天的真实材料。美术区内投放了春天美景的图片以及孩子们搜集的各种颜色的树叶和花瓣等。生活区内投放了供幼儿制作课使用的春天果实等。这样，孩子们通过与材料的交互，能够更多地感知多彩的春天，获得更好的学习效果和成长。

支架三：提供充分的游戏时间和空间，从"固定"到"开放"

将中、大班混龄联动调整为轮班制室内场馆游戏和班级区域联动后，幼儿可以自主选择区域进行游戏，从而提供了更为开放和广阔的游戏空间和更为充裕的游戏时间。为了进一步激发幼儿的游戏兴趣，本学期我们将游戏时间从固定的40分钟调整为在园整个时间段，并保证幼儿每天有1小时、每周有3次的游戏时间。

支架四：百变身份，支持幼儿的游戏

我们已确立教育目标："协助所有孩子成为游戏高手"，并让教师担任"百变高手"的角色，适时变化身份，使教师对幼儿区域游戏的指导更加隐蔽和科学，充分调动幼儿在区域游戏中的自主性，有效促进幼儿多种智能的协调和主动发展。

在幼儿区域游戏中，教师应扮演以下角色：游戏环境的创设者、游戏过程的记录者、游戏发展的引导者等。不过，即使教师的角色"百变"，也应始终遵循"幼儿在前，教师在后"的原则，促使区域游戏成为孩子们的独立游戏，让所有孩子都真正成为游戏高手。

支架五：创造游戏表征的氛围，助力幼儿经验的再运用

表征是幼儿通过语言、图像、动作、符号等方式表达感受和思想的过程，即将所感知的事物内化并输出的过程。游戏表征是幼儿对游戏故事的呈现，有利于教师了解幼儿的游戏行为。

教师需要创造有准备的环境氛围，在区域固定位置放置幼儿游戏表征记录纸或本以及笔类，方便幼儿在游戏时或游戏结束后随时进行表征。幼儿完成表征后，责任教师通过倾听幼儿的语言表述，白描式地记录幼儿的游戏表征。

"游戏故事"这种独特的游戏反思形式为孩子提供了更多独立学习发展的机会。这些绘画作品从不同的角度展示了幼儿心理、思维、意愿、想象、需求以及情感表达等方面的发展和提升。从孩子的绘画作品和语言表达中，教师们可以逐渐走进孩子们的游戏世界，探索更多有趣的游戏故事。通过全面了解幼儿的情感和需求，教师可为孩子们提供更加有效的支持和帮助。

第二部分　被动 VS 自主：环节融合，自主探究，优化一日活动质量

支架六：梳理关键经验，重视回顾与评价环节

回顾与评价环节是教师组织全体幼儿回顾区域活动过程和操作结果、梳理和提升学习经验、形成对问题共识的重要环节。通过这个环节的表现、展示、交流、讨论、归纳和总结，教师不仅能够了解幼儿对材料的掌握情况，检验活动的效果，还可增加幼儿之间相互了解的机会，开阔幼儿的眼界，拓展他们的思维，放大区域探索活动的实效。教师应审视活动内容，包括幼儿当天活动中的关键经验、遇到的难点、活动所需的品质等方面，重点关注当天活动过程中有代表性的幼儿。

在活动方式的选择上，教师应采用不同的方法，如演示法——对操作步骤进行梳理；归纳法——对操作结果进行确认；探讨法——与有困难的幼儿共同探讨，帮助幼儿解决困难。同时，鼓励幼儿用多种方式表达自己的发现、感受和情感。在游戏结束前，教师可以充当"评价引导员"，通过自评和互评的形式引导幼儿自发地进行交流和讨论，积极表达情感、分享快乐、共同解决难题、提升经验，从而将区域活动变为互相启发、互相激励的互动过程，使幼儿个人的知识和智能逐渐升华为团队和集体的知识和智能。评价环节能够使幼儿共同进步，并便于教师最大限度地检验游戏效果。

为了保障幼儿每天都有适当的自主选择空间和自由活动时间，教师应成为幼儿室内区域游戏活动的支持者、合作者、引导者和环境及材料的创设者，致力于使幼儿更好地学习和成长。区域活动是培养孩子良好个性的有效途径，对孩子健康成长起着积极的促进作用。因此，老师应该善于利用区域活动的教育功能，让区域活动真正成为孩子成长的摇篮。

【案例分享】

案例一　娃娃家——我是小医生（小班）

观察时间：2019 年 11 月

观察对象：小雅（小名：扣子）

观察地点：教室区域

观察者：小霞

背景：

近来天气变幻莫测，小班幼儿对气候变化的抵抗力较弱，感冒的情况时有发生。在上周，小雅（扣子）生病了，她妈妈带着她去看病，她在这一过程中积累了一些经验。本周，在区域活动中，她选择扮演医生的角色。

事件：

区域活动时间到了，悦悦、扣子和可乐来到"娃娃家"，开始了小医生的工作。扣子进入区域后便表示："我是小医生，给病人看病。"悦悦和可乐还在思考着她们做什么工作，扣子紧接着说道："悦悦，你来当妈妈；可乐，你来当宝宝。"扣子迅速穿上白大褂，并细心地扣好纽扣，动作快而熟练。她看起来非常喜欢当小医生。然后，她戴上帽子和口罩，严格遵守医生的着装要求。

衣物换好后，扣子对悦悦和可乐说："今天我们的游戏是宝宝生病了。可乐，你是病人哦！"扣子又说："悦悦妈妈，你先带宝宝到那边的病床上躺下，我来看一看。"仔细观察后说："宝宝感冒了，需要输液，放心吧，不会疼的。我要给你扎手上的针！"一边说一边从柜子里拿出镊子、针筒和医务箱，拿起针筒对着医务箱的某一格抽拉液体，准备进行输液。"哦，还有棉花！"她从柜子里拿出棉花，在"病人"的手上擦拭了一下，温柔地安抚着可乐："放松一下就好了。"

安抚好第一个"病人"后，第二位"病人"也到了。扣子拿出手电筒对着"病人"的眼睛照了照。"眼睛没问题，你牙疼吗？""病人"点点头说："嗯！""来，张开嘴巴！"扣子拿着放大镜在"病人"的嘴里瞧了瞧，说："我要给你配点药。"她走到柜子前，拿出两个药罐说道："吃这两个药，就不会再痛了。"

分析：

在"小医院"中，我看到了一个熟练的小"医生"扣子以及几位称职的"病人"。每个孩子对自己所扮演的角色都有清晰的认识。扣子医生清楚医生的职责和工作要求,对待病人尽职尽责。悦悦和可乐扮演的是妈妈和病人的角色,他们遵守医院规定,耐心配合医生。这三位孩子在生活中对医生角色和就医流程积累了丰富的经验,才能将这些经验融入他们所扮演的角色中。

然而,当处理小病时,孩子们仍然缺乏相应的流程认知。例如,问诊过程是医生和病人在首次见面后互相了解的核心环节,但是在他们模拟的场景中却缺少这个环节。通过观察分析,我们发现在游戏场景中并未投放额温枪或听诊器等医疗器材。使用真实的医疗器材更贴近幼儿的实际生活,同时也更容易激发幼儿的游戏兴趣。

回应:

在本次活动中,扣子"医生"极为认真负责,不断地从医疗柜中取出工具和药品,忙忙碌碌地处理着每一位"病人"。为了更好地激发他们对于"小医生"的兴趣,我们可以在材料的投放上进行适当的调整:

1. 空间布局方面,可以考虑投放大型的医疗箱,增加更多工具;

2. 为了更好地激发幼儿们的兴趣,我们可以更新投放材料,更加贴近真实的医疗器材,例如,额温枪、听诊器和医生的问诊记录本等;

3. 教师在活动过程中可以适时引导幼儿,例如,向扣子医生提问:"可乐宝宝感冒的时候,你是怎么判断他是否发烧的呢?他有哪些症状?"

案例二 我好无聊呀!(小班)

观察时间:2019 年 12 月 4 日

观察对象:小昊

观察地点:卫星四班教室

观察者:梓萱

事件:

又到了区域活动的时间!在进行区域活动之前,我让孩子们自由选择区域。小昊在教室里转来转去，最后选择了生活区。他从生活区的柜子里拿出了豆子盘，并用勺子进行豆子的舀取操作。他用勺子将豆子从玻璃碗1号舀到玻璃碗2号，又从2号舀回到1号……然而，我发现他并没有根据豆子的颜色进行分类。于是我告诉他可以一颗一颗地舀，这样更容易将不同颜色的豆子分开。不久之后，他向我表示无法将豆子分开，感到有点无聊，于是他决定放弃。他将豆子盘放回柜子里，重新在教室里转悠，但最终还是没有决定想做的活动，于是只好回到座位上一直静坐着。

分析：

小班幼儿的生理特征是小肌肉正在迅速发展，因此生活区设置的锻炼小肌肉的操作训练是十分重要的。但是每个孩子都有其个体差异，我们应该耐心对待并给予理解和接纳；小昊感到无聊并在转了一圈后仍然无法选择下一个任务，表明材料的投放还不够丰富。

回应：

1. 及时、耐心地引导幼儿，鼓励幼儿不断尝试。

2. 尽快增添更有趣、更具锻炼意义的材料。

3. 了解幼儿在家里的表现，实现家园共育，与家长一起帮助幼儿更好地发展。

案例三 雪糕棒中的数学（大班）

观察时间：2020年10月

观察对象：小皓

观察地点：恒星一班的数学区

观察者：小晶

观察背景：小皓简单制订了计划，他想在桌面上使用雪糕棒"工作"。计划完成后，他取出一筐五颜六色的雪糕棒并将其拼装在一起。这种低结构材料薄而窄，由五颜六色的小木片构成。此时，人们不禁想知道这些玩具在孩子的手中将会呈现出何种形态？

事件：

第二部分　被动 VS 自主：环节融合，自主探究，优化一日活动质量

这个安静的孩子静静地在桌面上放置了几根雪糕棒。不一会儿，令人赞叹的事情发生了。孩子竟然自己用雪糕棒摆成了"1+1=2"的算式。过了三分钟，他仍在摆弄这道算式，看着"1+1=2"，时不时地将"+"的位置进行调整，但最终还是摆回了初始状态。似乎他的小脑袋无法确定下一步该怎么做。此时，我拿出雪糕棒自己摆出数字8。孩子看着我，又看看我摆的数字8，我不动声色地继续摆着。最终，孩子开始动手了。我收回了我的雪糕棒，坐在一旁观察。他开始迅速摆放，很快在桌面上展现了"4+4=8"的算式。在这狭小的桌面上他摆出了两道算式。我在想，他会换到另一张桌子上吗？还是继续在同一张桌子上摆呢？

在摆不下后，他寻求老师的帮助。老师建议他到宽敞的桌面上继续工作，他点了点头，拿起材料，换到了另一张空桌上继续摆弄。即使换了地方，他还是选择坐在桌面窄的一边来摆放。随着他不断调整位置、不断摆放，3道全新的算式——"100+200=300"，"2+2=4"，"5+4=9"——就此呈现在大家的眼前。

分析：

在这个过程中，孩子一直保持着专注。整整半个小时的时间，他一直在玩雪糕棒，坚持对材料进行探究。我从中看到了孩子内在的学习动力。

这个孩子内心非常自信。通过不断尝试，他感受到了成功的喜悦。孩子在摆放"1+1=2"之后，就一直处于等待状态，不知道如何继续下去。作为教师，应该及时注意到他的状态，并提供必要的引导，让孩子在活动中得到进步和发展。数字8的摆放可能是孩子对我的模仿，是我给他的至关重要的支持。尽管我没有和孩子做任何语言交流，但通过行动给予了他真正的支持。

在《3-6岁儿童学习与发展指南》中，数学认知领域要求4-5岁的幼儿能够通过实际操作理解数与数之间的关系。例如，5比4多1，2和3合起来是5。重要的是，幼儿能够理解加减法的实际意义，而不是只提高运算的熟练程度。通过小皓的算式摆放行为，我们不能仅仅看到他放了多少个算式，而是要思考孩子是否对加法的实际意义有了真正的理解。

回应：

1. 在投放低结构材料时，可以根据幼儿的需求投放同款、不同型号的材料。例如，雪糕棒有长短、宽窄之分。根据幼儿游戏水平的发展，为他们提供不同长度和宽度的雪糕棒。

2. 当幼儿对雪糕棒的探究遇到瓶颈时，教师可以利用雪糕棒规划课程或小组活动，与幼儿一起探究新的玩法，让幼儿参与其中，再次激发他们探究低结构材料多种玩法的兴趣。

3. 根据幼儿游戏水平，除了基础的低结构材料外，还可以提供一些辅助性材料，帮助幼儿探究新的玩法，并启发他们在玩雪糕棒的同时，探索数学领域的玩法。

案例四　"我"与面粉做朋友（大班）

观察时间：2020年9月

观察对象：小希、一诺

观察地点：面粉博物馆

观察者：小晶

观察背景：幼儿第一次与面粉接触，他们的反应是什么？是否有主动探究的兴趣？

事件：

当孩子们来到面粉博物馆时，我向他们展示了和好的面团，并向他们解释，今天我们的工作是一起搓面团。我告诉他们，他们需要注意的事项是手、面和盆都需要保持干净，活动中用到的材料是面粉和水。至于如何搓面团，我让他们自己去尝试。

在我介绍完任务后，孩子们都表现出了极大的兴趣，想要试一试。小希自信地说："我在家里经常帮妈妈搓面团，我一定可以做好的。"一诺也表示："我也想试一试。"

第二部分　被动 VS 自主：环节融合，自主探究，优化一日活动质量

小希拿起自己的小水杯倒了一些水，一诺则把面粉倒进大盆里。小希往盆里加了一点水，然后两个孩子一起把双手放进面粉里搅拌，但是水的量不够。于是小希说："一诺，你能再倒一点水进去吗？"一诺听从了小希的请求，却倒了很多水。小希喊道："太多了太多了，我妈妈教过我，要一点一点地加水。"一诺跑来求助我："晓晶老师，晓晶老师，我们放太多水了，小希的手上全部沾满了面粉。"我回应道："那你们可以往里面加一点面粉试试看。"孩子们尝试着加一点水，再加一点面粉，然后再加一点水，最终把面粉和成了糊状。由于这是孩子们第一次搓面团，他们的手和脸上都沾满了面粉。最后，由于时间原因，孩子们没有将面粉和成面团，遗憾地离开了面粉博物馆。

分析：

面粉是一种可塑性很强的物品，这使得它具有很大的可探索性和挑战性。大班幼儿喜欢亲自动手操作。因此，在面粉博物馆中，我设计了关于面粉的主题活动。然而，本次活动中，我未对面粉与水的配比进行事前说明，导致孩子们在添加时出现了面粉不足或水量过多的情况。

回应：

1. 准备适量的水和面粉，确保每个幼儿在规定时间内完成任务，并得到成功的体验。

2. 在活动之前，为幼儿做好相关知识的讲解工作。

在活动中，我们注重激励幼儿的主动性，让他们从无目的的搅拌转变为有意识地添加适量的水。我们指导幼儿主动发现问题，并自主解决问题，在这个过程中提高他们的探究能力。

【教师心语】

区域游戏能够巧妙地将生活、游戏和主题教学融合起来，从生活和游戏中展开主题教学，从生活和主题教学中产生游戏，生成适宜的新课程。

——郝亚茹　11 年教龄

游戏让我看到了孩子明显提升的学习力,他们专注于与同伴和材料的互动,通过认真观察、探究、发现问题并解决问题,不断提升自己的学习力。

——陈薇　3年教龄

游戏的自由宽松性让幼儿更加喜欢幼儿园,每天都渴望积极主动地参与到游戏中,体验自由和快乐。

——章利　3年教龄

第二部分 被动VS自主：环节融合，自主探究，优化一日活动质量

学习时间
——微主题探究活动

【我们的思考】

《3-6岁儿童学习与发展指南》指出：幼儿的学习是以直接经验为基础，教师应最大限度地支持和满足幼儿通过直接感知、实际操作和亲身体验获取经验的需求。我园主张根据幼儿的兴趣点随机生成微主题进行探究，这些主题可以是小组活动或集体活动。教师应致力于为幼儿营造贴近他们生活的场景和问题，以激发幼儿的深入探究的兴趣。此外，教师应关注幼儿在学习过程中的主动性和学习品质的培养，通过提升他们对实际问题的思考和解决能力，促进他们的全面和谐发展。

【活动概览】

（一）"微主题探究活动"概述

微主题活动是一项鼓励和支持幼儿围绕日常微小事物，展开自主观察和持续深入探究的活动。该活动是基于幼儿自身的生活体验和兴趣，在幼儿园课程建构中设立幼儿发展目标，选择与之相一致的课程内容和实施形式，最终通过幼儿自主探索、相互合作以及教师的支持来实现目标的过程。

我们鼓励教师关注幼儿生活中的细节，从小话题、小事件和小问题出发，抓住幼儿的兴趣、问题和困惑，不断形成一条条问题链，紧紧围绕这

些问题链来开展微主题探究活动。

（二）微主题活动的特点

1. 师幼共生。活动计划是由师幼共同协商，在活动中共同提供课程资源。

2. 幼儿决定。主题选择应聚焦于幼儿的兴趣。同时，幼儿参与决定学习活动、事件以及如何寻找答案，并期望获得成功。

3. 实地参访。微主题探究活动必须包含实地参观、访谈和写生等活动，真实情境的体验是很必要的。

4. 概念及经验的再思考和再运用。微主题强调对幼儿学习经验的概念化，是对幼儿学习经验的提升和再运用。

（三）微主题探究阶段

微主题是指教师与幼儿在一定的时间内持续地探究完成一个项目。在实践过程中，结合幼儿的兴趣点和主题实施进展，我们将微主题的实施过程划分为四个阶段。

第一阶段需要确定项目主题并制订网络计划。

这个阶段的工作包括：1. 聚焦幼儿的兴趣，选择合适的主题；2. 组织讨论，建立共同经验；3. 设计主题网络图；4. 列出探究问题清单。

第二阶段是课程实施和实践探索阶段。

这个阶段的工作包括：1. 进一步完善预设的网络图；2. 准备实践活动的相关事项；3. 参观实践活动，通过书写、绘画、建构、角色扮演等多种表现形式来展现活动；4. 不断审视新出现的问题，进行反复探究。

第三阶段是高潮事件展示和总结评估阶段。

这个阶段是由师幼共同决定高潮事件或活动的内容和工作计划，具体包括：1. 做好高潮活动的计划；2. 描述课程进行过程中发生的故事；3. 完成高潮事件的任务。

第四阶段是整理资料，做评估报告阶段，教师要对课程实施的全过程

第二部分 被动 VS 自主：环节融合，自主探究，优化一日活动质量

进行总结整理、分析报告。

项目式课程框架

第一步 ◎确定项目主题
1. 由幼儿兴趣选择主题
2. 组织谈话，建立共同经验
3. 设计主题网络图
4. 列出探究问题清单

第二步 ◎项目实施
1. 再次完善预设的网络图
2. 准备实践活动相关工作
3. 参观实践活动。通过：书写、绘画、建构、扮演戏剧表演等表现一切活动
4. 不断检视新问题，重复探究

第三步 ◎高潮事件或活动
1. 做好高潮活动的计划
2. 描述课程进行中发生的故事
3. 完成高潮事件的工作

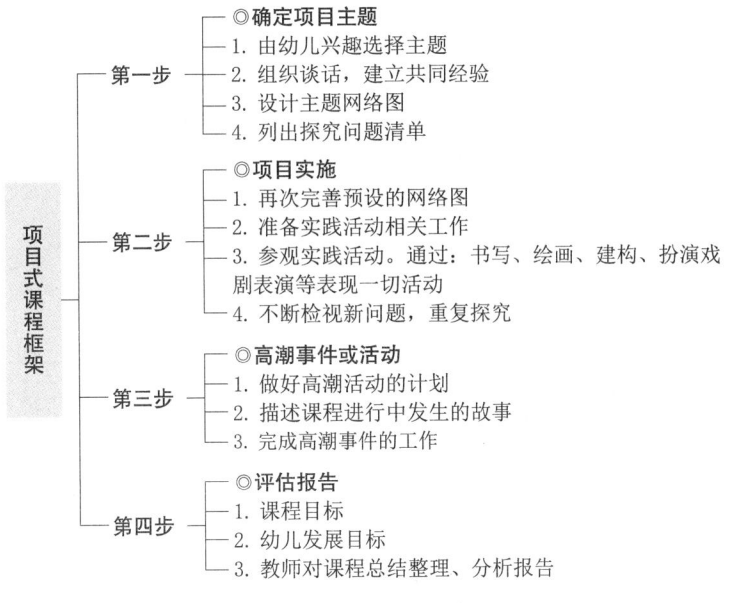

第四步 ◎评估报告
1. 课程目标
2. 幼儿发展目标
3. 教师对课程总结整理、分析报告

图 1 项目式课程框架

（四）微主题活动的内容来源

微主题的选择必须贴近幼儿的生活经验。为此，我们选择从以下几方面着手：

1. 结合幼儿的兴趣点。例如，研究太阳光线如何反射到教室的鱼缸里的光影探索活动。此外，孩子们对于飞机失事后黑匣子的搜索表现出了浓厚的兴趣，于是我们开展了一系列关于黑匣子探秘的活动。

2. 结合园本课程。我园结合节日活动开展了四大课程，分别是《小家大国》《HAPPY 环游记》《蒙童军团》和《玩大了的童年》。每个班级根据大主题生成相应的微主题。例如，在《小家大国》的主题下，大班进行了活字印刷术活动，中班则是制作了木版年画和民间艺术剪纸。

3. 选取社会焦点问题开展活动。例如，结合《小家大国》课程，我们安排了参观运城农展会的活动；当"神舟十三号"飞船宇航员返回地球后，

我们开展了《一起去太空》的园本课程；此外，各班级还开展了《太空训练场》《太空餐厅》《你好，探测器》和《银河艺术展》等微主题课程。

4. 结合生活中突发的事件展开活动。例如，为了应对疫情期间的核酸检测，我们制作了一个迪士尼"大白"的微主题活动。

5. 结合季节和节日举办活动。班级中进行了"小种植大发现"、教师节为老师送祝福、春秋游后的"小蝌蚪成长记"和"红薯大揭秘"活动。

【环境准备】

在微主题研究活动的实践中，我们始终遵循有准备的环境原则，为幼儿提供深度探究的实践场地和体验区域等，旨在激发幼儿的求知欲望和探究兴趣，在真实情境中进行真实的探究。

（一）精神环境

1. 倾听幼儿发出的声音，聚焦他们感兴趣的话题，尊重他们的选择，为幼儿提供选择主题的权利。

2. 调动幼儿主动参与探究的积极性，赋予他们决定活动进程的权利，为幼儿提供充裕的分享和交流时间，以保持他们对深度探究的热情。

（二）物质环境

1. 问题墙。为幼儿问题清单提供阶段性的展示。

2. +1区域。为微主题活动的延展创设的操作区域。

3. 公共空间创造特殊的环境，以提供适合幼儿高潮事件和活动的空间，例如展览馆、太空餐厅和梦天艺术展等。

（三）社区和家长资源

1. 挖掘社会资源，提供参观和实践的场所。例如，在六一儿童节活动"我们一起去太空"中，教师组织幼儿参观航天公园，让他们了解航天知识。

2. 家庭环境的支持。调动家长的积极性，让他们参与活动并与幼儿一起收集资料，并以图文并茂的方式展示给大家。

第二部分 被动 VS 自主：环节融合，自主探究，优化一日活动质量

【活动要求】

为确保微主题项目活动的有效性和深度，我们在每个实施阶段都需要给幼儿和教师制定不同的任务、要求和教学方式。

表 1 微主题探究活动各实施阶段幼儿和教师要求

实施阶段	幼儿要求	教师要求	备注
阶段一 确定项目主题，做好网络图	1. 师幼谈话要建立在共同经验基础上； 2. 尝试提出问题，以确定幼儿的兴趣； 3. 根据主题进行讨论和整理问题清单，以建立共同的经验； 4. 幼儿合作制作网络图； 5. 创设情境，让幼儿收集设备和物品材料	1. 组织谈话，引导幼儿以共同经验为基础来讨论一些主题； 2. 教师观察幼儿的兴趣，根据教学目标引发主题； 3. 教师完成预设主题的网络图； 4. 建立共同的经验，教师鼓励幼儿讨论与主题有关的话题，并介绍相关材料； 5. 发掘幼儿的相关知识，列出问题清单和网络图（并修订）； 6. 教师收集与主题有关的资料，以谈话和讲故事等形式发展幼儿探究问题的兴趣，为实践活动打好基础； 7. 提供各区域的探究教室情境	厘清幼儿的兴趣点，聚焦有价值的问题，确定项目主题，师幼共同完成网络图

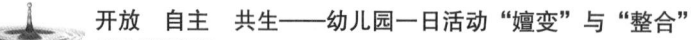

续表

实施阶段	幼儿要求	教师要求	备注
阶段二 课程实施，进行实践探索	1. 根据探究的问题和网络图，确定采访和实地参观的计划； 2. 整理所要访问的问题； 3. 设计调查表，确定访问人、工作人员安排以及需要收集的资料等； 4. 进行社会实践和让幼儿学会观察，结合内容寻找可实践的场地，如参观地、图书馆和社区； 5. 鼓励幼儿以绘画、书写、建构和角色扮演等方式来呈现他们的所见所闻； 6. 确认新问题，并让幼儿重复调查和呈现； 7. 让幼儿实地调查，完成问题清单并进行书写和记录； 8. 让幼儿回顾经验，进行讨论和分享； 9. 增添道具，丰富幼儿的游戏内容	1. 教师应审视自己预设计划的网络图以及幼儿的网络图，并思考如何展示研究成果； 2. 利用家长资源，邀请家长参与活动（具体主题根据班级情况而定）； 3. 教师应为探究活动做好准备，鼓励和支持幼儿参与活动，并制定实践任务单、调查问卷等； 4. 组织幼儿进行实地调查； 5. 鼓励幼儿通过各种路径和形式来呈现自己的探究结果和感想； 6. 回顾主题网络图，确认新问题，或重新建构主题网络图，让幼儿重复调查和呈现； 7. 让幼儿分享和回顾经验，教师进行总结和提炼； 8. 增添道具，丰富幼儿的游戏内容； 9. 进行师幼讨论，教师评价幼儿的能力	审视幼儿网络图，实地参观访问、解决探究的问题； 不断地梳理新问题，找到探究的新方向
阶段三 高潮事件、展示、总结、评估	1. 讨论会的内容主要包括三部分：作品分享、网络图绘制和语言表达（对词汇量的要求较高）； 2. 在分享环节中，可以使用展览、图画、游戏、戏剧和音乐表演等方式，与大家分享幼儿学习某一内容的过程； 3. 幼儿需要为展示活动做好环境、场地、材料以及人员分工等方面准备工作； 4. 课程回顾	1. 教师可以设计一个主题网络图，将幼儿在活动中学到的知识串联起来； 2. 教师创设一面展示墙，展示幼儿的文件档案； 3. 教师听取幼儿的演示报告，并以文档的形式回顾整个项目课程； 4. 为幼儿创设可展示的空间和环境； 5. 评估幼儿所达成的目标	聚焦高潮活动，幼儿展示分享

第二部分 被动 VS 自主：环节融合，自主探究，优化一日活动质量

续表

实施阶段	幼儿要求	教师要求	备注
阶段四 整理资料， 做评估报告	1. 幼儿自我评价：内容包括活动喜好、对内容领域的兴趣以及对所取得成就的自豪感； 2. 小组互评：对其他小组成员所制作的作品进行评价	1. 收集幼儿的作品； 2. 教师观察所记录的幼儿故事； 3. 制订简易的文档计划表，整理与主题相关的文件资料（电子版整理）	评估幼儿学习经验和项目式课程的实施效果

【成人鹰架支持】

一个充分发展的项目式微课程，能够让幼儿全心全意地投入其中，成为教师与幼儿共同参与的冒险活动。这种课程注重幼儿在体验中获得的感受，带领他们和教师一起探索学习过程。在主题探究活动中，我们采用了"三个支架"的方法来支持幼儿的深度学习和深度探究，以期取得良好的教学成效。

支架一：关注幼儿兴趣点，聚焦有教育价值的问题。

项目式微主题是师幼针对某一主题进行探讨并解答相关问题。在这个过程中，幼儿能够充分发挥主动性和积极性，并比较自主地学习，期望获得成功体验。具有价值的问题可引导幼儿独立思考，鼓励幼儿发挥创造力。

让幼儿学习如何提出问题，师幼共同整理问题清单，然后集中研讨最值得解决的问题，这是教师在这个支架中采取的三步法。通过这三个步骤，教师可以充分了解幼儿的兴趣点，激发幼儿对事物的广泛兴趣，并给予幼儿参与活动的自主权。然后，教师依据项目学习目标和幼儿现有的认知水平之间的最近发展区，聚焦最有价值的问题，帮助幼儿建立起思维层次，推动他们进行思考和探究，促进幼儿将经验意义化和概念化。

支架二：创设真实场景，加深体验感受。

为了增强学习内容的吸引力，需要为幼儿创设真实的生活场景。通过

"以问题为导向"的微主题探究活动，引导幼儿观察、发现和思考，并从中寻找解决问题的方法，从而培养他们解决问题的能力。

可以选择真实的场所，如博物馆、农展馆或公园等，以及幼儿园或班级特意搭建的体验场景，这些场景都可以激发幼儿的探究欲望，为他们提供体验的机会。例如，打造太空餐厅、展览馆或游园会等体验场景。

支架三：提高师幼互动质量，促进幼儿深度学习。

影响微主题探究效果最关键的因素是教师对幼儿探究经验的梳理和提炼，即需要高质量的师幼互动。因此，教师需要关注互动中的四个关键要素：

1. 概念。教师应帮助幼儿理解并掌握所需的专业术语，例如，在游戏搭建过程中涉及的概念，如"稳固""平衡""支架""对称"和"叠加"等，形容游戏搭建的场景可用"复杂""宏大"和"配合默契"等词汇。

2. 语言示范。在帮助幼儿梳理经验时，应给予正确的引导示范。例如："你第一步做了什么？然后是什么？接下来第三步做什么？""遇到这种问题，你能否想到更好的解决方法？我们一起来试试。"通过这样的句式提高幼儿的语言表达和逻辑思维能力。

3. 反馈质量。教师对幼儿每个回应的反馈都必须有质量，以支持幼儿逐步深入思考和表达自己的经验和感受。反馈应关注幼儿的情绪、个性品质和关键经验，用鼓励性的和精准的语言支持、评价和激励幼儿，让他们有想法、愿意说、能做事。

4. 多种形式。教师应善于运用不同的形式来促进幼儿的表达。可以用作品、活动中的视频、幼儿操作的表征以及思维导图的方式进行总结和提炼，以评估幼儿的发展情况和课程目标的达成程度。

【案例分享】

微主题探究活动结束后，班级教师针对活动的实施阶段将幼儿的持续探究过程以课程故事的形式记录下来。通过这种方式，我们可以更生动、

第二部分 被动 VS 自主：环节融合，自主探究，优化一日活动质量

深入地描述和反思课程实践。在课程故事中，我们以生动的语言表达了自己的教育观点和思考，并展现了教育智慧。通过这些反思，我们能够深入探讨课程的核心，创造富有温度的课程，写出具有深度的故事。

案例一 小兔子故事会（小班）

教师：梓萱、小薇

一、课程背景

春天到了，大地苏醒，小动物们也开始活跃起来。妞妞带来了一只可爱的小白兔，小朋友们对这只小兔子充满了好奇心，于是我们决定对其进行主题研究活动。本次活动，我们的目的是让幼儿能够更加全面地了解这只小兔子的外貌特征。同时，我们也希望通过本次活动激发幼儿热爱大自然和动物的情感，培养他们敏锐的观察力以及与他人合作的能力。

二、思维导图

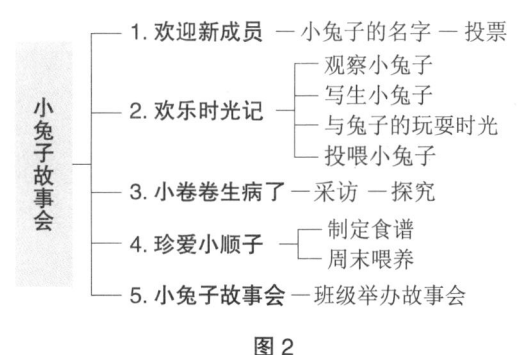

```
            ┌─ 1. 欢迎新成员 ─ 小兔子的名字 ─ 投票
            │
            │                 ┌─ 观察小兔子
            │                 ├─ 写生小兔子
            ├─ 2. 欢乐时光记 ─┤
小兔子      │                 ├─ 与兔子的玩耍时光
故事会 ─────┤                 └─ 投喂小兔子
            │
            ├─ 3. 小卷卷生病了 ─ 采访 ─ 探究
            │
            │                ┌─ 制定食谱
            ├─ 4. 珍爱小顺子 ─┤
            │                └─ 周末喂养
            │
            └─ 5. 小兔子故事会 ─ 班级举办故事会
```

图 2

三、项目概览

表 2 小兔子故事会项目概览

	名称内容	形式	目标	环境和材料	备注
活动	可爱的小兔子	亲子户外	能够观察小兔子的外形特征，并喜欢小兔子	户外有兔子的地方	—
驱动问题	1. 小兔子是什么样子的	谈话	能够知道小兔子的外形特征、习性并用完整的语言表达	教室：小兔子、视频 语言区：关于小兔子的绘本	—

· 173 ·

续表

	名称内容	形式	目标	环境和材料	备注
驱动问题	2.喂养小兔子需要准备什么	集体讨论	能够知道小兔子所需食物以及照顾小兔子的方法	教室：小兔子、视频 生活区：胡萝卜、青菜 建构区：积木	—
	3.你和小兔子发生过哪些故事	绘画讲述	能够用语言描述自己和小兔子的故事，并用笔画下来	教室：小兔子 美术区：黏土、勾线笔、颜料、刮画 语言区：讲故事场地	—
	4.举办小兔子故事会需要做哪些准备	谈话	能够积极地参加故事会的准备工作	教室：场地图片、故事会参考案例	—
成果	小兔子故事会	讲故事	能够自信、完整地讲故事	故事会的最终场地	—

四、课程故事

图3 小兔子故事会

第二部分　被动 VS 自主：环节融合，自主探究，优化一日活动质量

案例二　舌尖上的红薯美食（中班）

教师：小霞

一、课程背景

好消息！快乐星球即将举办游园会，并计划推出美味红薯食品，让星宝们为之代言。如果想向大家展示你的红薯佳肴，你该怎么做？游戏中，幼儿将分成小组自由探索制作红薯美食、选择店铺的位置、设计海报、定价、装饰店铺和销售等活动。这样一系列的活动都由幼儿来完成。通过孩子们主导课程的发展，使课程变得更有趣，让孩子们愉快地学习。我们应根据幼儿的兴趣提供支持，积极与他们互动，最大限度地支持幼儿的发展，以满足他们的需求。

二、项目概览

表3　舌尖上的红薯美食项目概览

核心驱动问题： 我们用红薯做了很多的美食，怎样把你的美食分享给更多的人呢							
时间	任务	驱动问题	前期准备	情景引导语	家长参与	阶段性成果	
10.27	用红薯可以制作哪些美食	问题1：你最喜欢使用红薯做的美食是什么？除此之外，还有哪些不同的红薯美食呢？——探讨红薯美食的种类	红薯、数字（9、10）	师：刚刚，小蔡老师收到了一条消息，幼儿园将要举办美食品尝会，我们班决定使用红薯来制作美食。有些小朋友已经和家长一起尝试过了。但是，园长阿姨不知道大家都做了什么样的红薯美食。有谁能告诉园长阿姨吗？ 幼：红薯条、红薯丸子等	—	1. 了解各种红薯美食	

续表

时间	任务	驱动问题	前期准备	情景引导语	家长参与	阶段性成果
10.28	确定班级制作的5种美食和每组人数	问题2：红薯美食太多，摆不下怎么办？——确定5种红薯美食并进行分组	红薯美食图片、统计的数字	师：可是我们只租到了5个摊位，你们有什么好的办法吗？ 幼：投票 师：你们都同意吗？ 幼：同意 师：我们可以使用小贴画进行投票，每个小朋友只能选择一种美食。 幼：幼儿随音乐进行投票	—	2. 确定5种美食 3. 确定每组人数
10.29	激发幼儿动手制作的欲望	问题3：如何让更多人品尝你们制作的美食？——美食制作和分享	查阅资料和照片	师：美食选好了，但只有你们品尝过，其他老师和小朋友还没有品尝过。如何才能让更多人品尝你们做的红薯美食呢？ 幼：我们做一个红薯美食分享活动吧	—	动手制作，学会分享
10.30	讨论制作美食的材料、工具和人员分工	问题4：做红薯饼需要准备什么呢？——分组讨论	每组的食材和工具	师：在制作你们喜欢的美食时，需要准备哪些食材和工具呢？ 幼：幼儿讨论 师：现在，每组小朋友需要完成一份美食制作计划书，你们需要选出一名小组长。 小组长的任务： 1. 组织好你的小组； 2. 能听清楚每个小朋友说的话； 3. 会写学号，会画画； 4. 会安排好每个小朋友的任务。 幼：幼儿分组进行准备	每组3名家长义工： 1名组织和引导幼儿； 1名家长负责拍摄视频； 1名家长负责拍照	1. 美食准备计划书； 2. 分工合作

·176·

第二部分　被动 VS 自主：环节融合，自主探究，优化一日活动质量

续表

时间	任务	驱动问题	前期准备	情景引导语	家长参与	阶段性成果
11.2	人员分工进行制作	问题5：红薯美食是怎么制作的？——分组制作	—	师：谁来告诉我，你的美食是怎样制作的？ 幼：幼儿回答 师：你们一起制作，要学会什么呢？ 幼：学会合作	每组3名家长义工： 1名组织和引导幼儿； 1名家长负责拍摄视频； 1名家长负责指导幼儿制作过程	1.任务明确； 2.分工合作； 3.作品呈现
	确定店铺位置及名字	问题6：美食做好后怎么展示呢？——选场地	选场地的标识	师：店铺马上就要开张啦，可里面什么都没有，需要进行什么装饰呢	每组2名家长义工： 1名组织和引导幼儿； 1名家长负责拍摄视频	1.确定店铺的位置，做好标识； 2.确定店铺名称
11.3	装扮自己的店铺	问题7：怎样把我们的店铺装饰得很美呢？——布置环境	装饰材料	师：店铺选好啦，可是马上就到开张的时间啦，我们的店铺还没有装饰，怎么办	每组家长义工与幼儿共同讨论需准备的布置材料	1.确定装饰品； 2.设计图
	设计包装	问题8：怎样把我们的美食包装得更好看呢？——产品包装	包装纸	店铺装饰好啦，美食也做好了，怎样把做好的美食包装得更精致呢	幼儿设计包装袋子；家长义工去寻找包装袋子	设计包装袋或盒子
11.4	设计海报价目表并进行人员分工	问题9：用什么办法能让更多的人品尝我们的红薯美食呢？——售卖宣传	制作价目表和分工计划表	美食品尝会要开始啦！我们这么多小朋友的工作各是什么呢	1.家长与幼儿共同完成海报的设计； 2.每组2名家长义工和幼儿一同进行售卖等活动	1.设计海报图； 2.价目表； 3.宣传语

三、课程故事

图4 舌尖上的红薯美食

案例三 "快乐星球"高铁站(大班)

教师：苏晓晶

一、课程背景

"小家大国"主题探究活动的开展，其内容选择、环境创设、广告宣传和游戏过程等方面都是由孩子们根据自身的兴趣爱好来进行自主选择、自主设计、自由组合并独立完成的。这样的体验过程，实质上是一段浓缩的社会情感发展历程。它不仅让孩子们通过多种多样的方式去寻找、发现美丽的家乡和伟大的祖国中精彩纷呈的事物，从而激发他们对祖国和家乡的热爱之情，更能鼓励他们运用自己的语言向同伴和家长介绍他们所了解的故事和知识，让孩子们在年幼时便能够深刻感受到作为中国人的自豪感。

二、项目概览

表4 "快乐星球"高铁站项目概览

恒星一班"小家大国"高铁站项目概览	
涉及学科	语言、科学、编程、美术

第二部分　被动 VS 自主：环节融合，自主探究，优化一日活动质量

续表

恒星一班"小家大国"高铁站项目概览	
项目由来	孩子们对高铁站的讨论源于假期柏成乘坐高铁前往太原的经历。暑假过后，孩子们在教室里分享他们的假期生活，柏成拉着我的手说："苏老师，我们来聊一聊高铁吧！"当我们在交谈时，其他孩子也纷纷加入讨论，最后一个问题引起了孩子们激烈的讨论：高铁是如何运行的
学习目标	核心知识目标： 1. 了解高铁的相关知识，掌握高铁结构的局部和整体关系，并发展空间方位知觉； 2. 了解高铁运行所需动力的来源； 3. 了解高铁和高铁站之间的关系以及高铁服务人员的职责和任务 核心能力目标： 1. 能够用常见的几何体有创意地拼搭和绘制高铁的造型； 2. 能够使用数字、图画和符号记录自己的制作过程； 3. 在评审活动过程中，能够用完整的语言清晰地陈述自己的作品； 4. 能够主动搜集和整理任务中所需的信息； 5. 在活动过程中，能够与同伴分工合作、协商交流，共同完成任务； 6. 能够在高铁造型制作过程中解决困难，增强自己的自信心
学习目标	情感目标： 1. 愿意与他人分享和交流自己喜欢的作品和设计理念； 2. 感受高铁带来的便利，对科技产生兴趣
驱动问题	高铁是怎样运行的
成果展示	展示受众：学生、老师和家长 最终成果：通过搭建高铁站造型和进行有关高铁的环游记录，邀请更多人去乘坐高铁 成果展示形式：积木搭建展示、版面展览和现场展示
总结性评价	根据游戏活动的各个环节，参考《3—6岁儿童学习与发展指南》制定"幼儿能力评价表"，以评价孩子在本次实践活动中所表现出的交往能力、沟通协调能力和创造创新能力，以及孩子们在游戏活动中的成长和收获

子问题1：高铁站里都有什么设备呢？——我设计

学习活动	具体描述	所需资源	阶段成果	评价方式
通过调查、采访的方式了解高铁站里有哪些设备	幼儿在调查和采访中，关于高铁还有哪些具体问题想要了解呢	书籍、网络、家长	调查统计表	评价量表

子问题2：高铁站里的工作人员是怎么工作的？——我体验

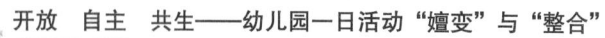

续表

恒星一班"小家大国"高铁站项目概览				
学习活动	具体描述	所需资源	阶段成果	评价方式
1.在高铁站，都有哪些工作人员呢？他们分别是做什么工作的呢？——角色分组	在假期期间，我们大家都曾经坐过高铁。你有没有留意在高铁站和高铁内都有哪些工作人员呢？（例如乘务员、保安、保洁员、播报员）你们中间有谁想要在高铁里从事某一项工作呢？（幼儿们回答：乘务长、保安）	小朋友、老师、家长、书籍、视频、电脑	成功分组	评价量表、老师点评、幼儿PK
2.扮演检票员、乘务长、播报员、保洁员、售货员，我们需要准备什么呢？——分组讨论	现在，作为检票员、乘务长、播报员、售货员，我们将要参与游园会的工作。那么，在进行工作之前，我们需要准备哪些物品呢	视频、电脑	画出扮演检票员、乘务长、播报员、保洁员、售货员所需准备的物品	老师点评、评价量表

问题3：建造一个高铁站需要什么材料？——我探索

学习活动	具体描述	所需资源	阶段成果	评价方式
科学探究，亲身体验	通过对高铁站信息的前期收集，孩子们决定在幼儿园找一些生活中废弃的材料，其中包括具有主题性的材料、低结构性的材料、废弃物、自然物品以及各种各样的包装纸箱等	家长资源	孩子们画出雏形、尝试组装材料、并拍照记录	评价量表

问题4：怎样让更多的人知道我们的高铁，吸引他们来参观乘坐？——我宣传

学习活动	具体描述	所需资源	阶段成果	评价方式
宣传海报的设计	用自己收集的信息为高铁做宣传海报	素描纸、彩笔	幼儿宣传单	幼儿互评
游园会的举办	1.工作人员的时间如何分配；2.礼仪模拟	家长、老师	游园会视频	评价量表

第二部分 被动 VS 自主：环节融合，自主探究，优化一日活动质量

三、课程故事

【快乐星球】高铁站的故事

图 5 "快乐星球"高铁站

开放　自主　共生——幼儿园一日活动"嬗变"与"整合"

欢送时间
——寻找"哇"时刻，共建幸福家园

【我们的思考】

欢送时间是幼儿园一日活动的最后一个环节，也是对一日活动的回顾和复盘。这个环节中教师要为幼儿提供轻松、愉悦的交流环境，利用多种方式唤醒孩子们的生活经验，让他们回顾当天的游戏活动，与同伴分享最愉快的经历，加强幼儿自信和愉悦的体验。这一环节的核心教育价值是在回顾与交流中寻找"哇"时刻，加强幼儿的生活经验，增强幼儿的自信心，提高幼儿的成就感，同时引导幼儿做好物品整理工作，培养其自我服务能力，使其建立秩序感，加强养成教育。

【活动概览】

欢送时间是幼儿园生活和家庭生活衔接的重要环节，旨在让幼儿带着愉悦的情绪和体验回归家庭，既能激发他们第二天来园的意愿，又能提高家园关系的稳定性和互信度。欢送时间的常规内容包括回顾交流，寻找"哇"时刻，整理物品，自我服务，以及有序离园和与家长的沟通交流。

【环境准备】

空间环境：晨圈区域，教室区角。

材料准备：幼儿的作品、活动照片、活动视频、小贴画、幼儿衣物、

第二部分　被动 VS 自主：环节融合，自主探究，优化一日活动质量

口罩等。

心理准备：营造轻松而温馨的聊天氛围。

【常规要求】

（一）幼儿常规要求

表1　幼儿常规要求

	小班	中班	大班
回顾交流，寻找"哇"时刻	1. 喜欢与同伴一起游戏； 2. 对于自己的良好行为或活动成果感到高兴； 3. 在接受提醒的情况下，能够认真倾听并不打扰别人； 4. 能用一两句完整的语言讲述自己的发现和感受	1. 知道自己的优点和长处，对自己感到满意； 2. 能够发现同伴的优点和长处； 3. 有高兴的事或有趣的事，愿意和同伴分享； 4. 能够用完整流畅的语言描述自己的活动经验	1. 幼儿应该大胆表达自己的想法，用完整的语言回顾当天在幼儿园度过的最开心的时刻和经历； 2. 要耐心倾听他人的分享并给予掌声、鼓励和回应； 3. 回顾当天所获得的新经验和新技能，加强记忆，练习巩固； 4. 要求幼儿记住家庭小任务，并在老师要求的时间内完成这些简单的任务，以养成认真做事的态度
自我整理、有序离园	1. 整理自己所负责区域的物品； 2. 将自己所有的物品（如水壶、书包、外套和帽子等）悉数携带好； 3. 根据学号站队，听从老师的安排，并跟随老师到班级指定区域等待放学； 4. 能够主动用不同的方式与老师道别； 5. 值周班级的小礼仪生需提前10分钟佩戴好礼仪丝巾，到一楼大厅欢送小朋友离园		

（二）教师常规要求

表2　教师常规要求

	小班	中班	大班
回顾交流，找寻"哇"时刻	1.为幼儿营造轻松、愉悦、温馨的谈话氛围，让幼儿敢于表达并能够自由表达自己的想法； 2.关注幼儿的活动和表现，善于发现其优点和长处，并给予肯定和表扬。同时，表扬需要具体、有针对性； 3.利用活动照片、视频、作品或幼儿的表征图，帮助幼儿回顾自己所做所想，鼓励幼儿用完整的语言大胆表达自己的想法； 4.引导幼儿学会关注、欣赏和赞美同伴； 5.面对不同年龄的幼儿，需要制定不同的家庭小任务		
自我整理 有序离园	1.协助幼儿整理自己的物品； 2.提醒幼儿对着镜子整理自己的仪容仪表； 3.严格按照幼儿园接送制度监督家长使用接送卡接孩子离园； 4.与每个离园的幼儿热情道别； 5.随时清点班级人数，保证所有幼儿安全离园		
	1.协助幼儿穿上外套； 2.关注幼儿是否出现尿湿裤子、弄湿衣袖的现象，同时确定鞋子和服装是否穿反，以及幼儿的仪表是否整洁	1.鼓励幼儿之间互相帮助穿外套； 2.关注幼儿服装是否整齐以及仪表是否整洁	1.提醒幼儿自己穿好外套； 2.关注幼儿是否整理好自己的物品以及仪表是否整洁
班本教研	1.班级全体教师参加； 2.准备所需教研物品：电脑或纸质表格、幼儿活动照片或视频； 3.教师准备日常活动中自己负责领域发现的问题或需要解决的问题； 4.按照班级教研主题积极发表自己的所见所感，与班级其他教师深入讨论解决问题的办法，形成班级特色； 5.教研内容要求： 周一确定本周班级需要重点关注的环节，并制订详细的实施或整改策略； 周二至周四实施并适时调整周一制订好的策略； 周五进行反馈，讨论下周是否需要更换重点关注的环节； 6.班级教研时间控制在1小时左右，抓住重点畅谈		

（三）特殊说明

1. "哇"时刻

在新西兰教育中，"哇"时刻是表明儿童是"有能力、有自信的学习者和沟通者"的时刻，是儿童的行为或表现惊讶到教师或家长的时刻。它也是儿童获得成就感的时刻。老师可以通过视频、照片和文字等方式记录幼儿的"哇"时刻，并在回顾交流时引导幼儿解读和梳理自己的经验，并重视儿童在学习过程中表现出的好奇、勇敢、信任、坚持、自信、分享和担当等学习品质和个性品质，从而增强幼儿的自信心，维护他们的成就感。

2. 幼儿表征

幼儿表征是指幼儿使用大量的图像和符号来表达自己的记忆、想法、设想和感受，并运用这些图像和符号来记录自己的工作过程和思想。

3. 值周小礼仪生

为了培养幼儿的文明礼貌和责任感，各班轮流进行园级小礼仪生的值周活动。下午离园时，值周班级的小礼仪生将佩戴好礼仪丝巾，并在幼儿园门口热情欢送所有的小朋友离园。

小礼仪生行为要求：

（1）礼仪站姿：能够控制自己的行为，坚持半小时的礼仪站姿，欢送小朋友离园。

（2）问候：主动热情地与成人、幼儿们打招呼，习惯使用礼貌用语告别。

（3）提醒上下楼梯安全：在楼梯口提醒每个下楼梯的幼儿注意安全，不打闹，不追逐，手扶栏杆安静下楼梯。

（4）照顾小班弟弟妹妹：主动关心他人和同伴，看到情绪低落的小班弟弟妹妹应主动关心和安抚。

4. 班本教研

班本教研是以班为本的班级教学研究管理模式。在幼儿离园后，班级内所有老师围坐在一起，对一日活动中幼儿的常规行为、个别幼儿的表现、班级课程的教学进展以及教师之间的职责分工和合作等方面进行反思、讨论和调整。这样既增进了教师之间的交流沟通，又能够实现智慧共享，优化班级管理的效果和质量。

【成人支架】

策略一、注重"哇"时刻，保护成就感

在回顾环节中，我们可以采用多种形式与幼儿进行交流，营造"哇"时刻的良好氛围。具体措施包括：

1.所有幼儿坐在晨圈线上进行"哇"时刻的分享、才艺展示和故事表演等。

2.将幼儿分组，在班级区域进行作品欣赏。

3.让幼儿扮演教师角色，回顾当天学到的新技能。让幼儿用"小老师"角色来交流，可以培养幼儿的领导能力，极大地增强他们的成就感。

4.使用鼓励性的语言，例如：你有一双发现美的小眼睛，能够看到小朋友的优点；你的观察角度很独特；你的表达非常清晰，让我们了解了事情的经过。这样可以强化幼儿的良好情感体验。

5.善于利用小贴画，采用正面强化法来激励幼儿。

图1 老师带领幼儿在做游戏

第二部分 被动 VS 自主：环节融合，自主探究，优化一日活动质量

图 2 老师在引导幼儿发现同伴的优点，并对敢于说出来的小朋友给予掌声鼓励

图 3 大班幼儿当"小老师"，给小朋友们讲故事

策略二、关注个别幼儿的教育

一天中，每个班级都可能出现个别孩子情绪不佳、有挫败感、对规则意识不强、与同伴发生冲突等情况。如何最大程度地调动幼儿的积极情绪，引导他们对明天的活动充满期待，对教师的教育智慧提出了很大的挑战。因此，在幼儿离园环节中，尤其要关注个别幼儿的教育。

以下是具体措施：

1.与个别幼儿进行单独谈话。找一个安静、相对封闭的空间，师幼面对面沟通，以聊天的方式了解个性幼儿的需求。

2.通过拥抱和拉手等肢体接触的方式拉近师幼距离，让幼儿愿意向教师敞开心扉，接受教师的建议。

3.欣赏幼儿们的作品，通过表扬的形式来增强他们的自信心。

策略三、鼓励、支持幼儿的个性化表征，提高经验的概念化程度

幼儿表征是图像和符号的语言，我们鼓励幼儿用自己能够理解的图像和符号把自己的记忆、感受表达出来。然而，由于幼儿的抽象概括能力较弱，往往会导致难以表征完全或所表征的内容让人难以读懂的情况。面对这种情形，教师一方面需要鼓励和支持幼儿，激发其表征的热情；另一方面要有意识地培养强化幼儿对各种表征符号的灵活运用能力，丰富幼儿的表征方式。

图4 中班幼儿自己制定的假期作息时间表

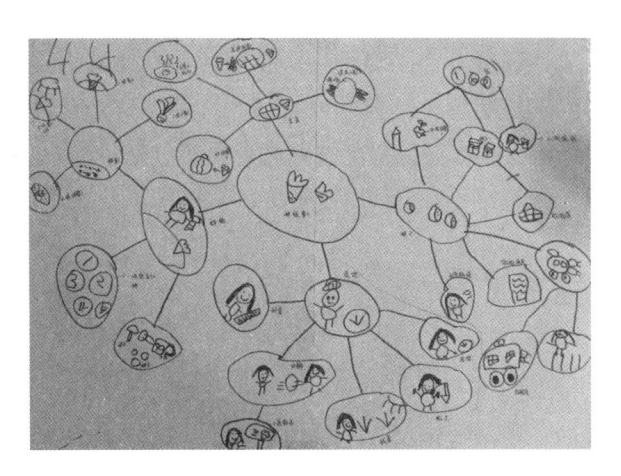

第二部分 被动 VS 自主：环节融合，自主探究，优化一日活动质量

图 5 大班班本课程——种植萝卜

例如，在教师提出"种植萝卜需要做哪些准备"的问题后，幼儿们进行了激烈的讨论并得出了答案。其中一名幼儿根据班级讨论的过程和结果，画出了一张思维导图。

策略四、优化家庭小任务的适宜性

家庭小任务可以促进家园共育的同步性和融合性。

小班幼儿由于理解能力和自理能力较弱，经常听不懂教师的指令，也难以记住教师的要求。因此，这一阶段的重点是培养幼儿良好的卫生习惯和自理能力，并要求进行班级群打卡。例如，第一学期可以教授穿脱衣服、叠衣服和挂衣服等自理能力；第二学期可以教授刷牙、洗袜子和整理玩具等生活技能。

中班幼儿的理解能力和自理能力较小班有一定进步，记忆能力也有所提高，性格更加活泼好动。然而，他们往往缺乏明确的目标。因此，这一阶段的重点是培养幼儿清楚记住各种活动中教师的要求，在教师规定的时间内完成任务而不拖拉。例如，回家后要向家长讲述当天活动中观察所得；调查长辈小时候坐过哪些交通工具并自己画出来；每晚睡觉前练习讲述自己喜欢的红色故事，并在班级群打卡。

大班幼儿随着年龄的增长，各方面都有很大进步，这个阶段正是幼儿园阶段向小学阶段过渡的关键时期。在这个时期，家庭小任务更注重培养幼儿学习习惯以及做事的计划性和完整性。例如，小小播报员完成明天早上古诗的播报练习、练习书写自己的姓名和学号以及整理自己的小书桌等。

【案例分享】

案例一 抢椅子大战（中班）

观察时间：2022年6月20日

观察对象：小恒、小辰

观察地点：行星四班教室

观察者：梓萱

事件：

今天我们准备集体活动时，我听到有个孩子说："萱萱老师，小恒和小辰在抢笑脸椅子！"我走近一看，他们正在为了一个小椅子争执不休。"我先搬的，我先坐！"一开始我没有立即介入，而是先观察了一下。随着时间的推移，争吵声越来越大，于是我将他们叫到一边，让他们自己说出争抢椅子的原因。小恒说是他先拿到椅子的，而小辰则喜欢这个笑脸椅子。我微笑着对他们说："我知道你们都很喜欢笑脸椅子，但是教室里只有一个，你们可以轮流坐。"听完我这番话，小辰主动将这把小椅子让给了小恒。事情就这样平静地结束了。

分析：

在回顾当天活动时，我向孩子们讲述了小恒和小辰争抢笑脸椅子的事情，接着，我说小辰小朋友学会了谦让，最后主动将椅子让给了小恒。然后我请孩子们发表看法，并说说下次遇到类似情况应该如何处理。孩子们纷纷贡献了自己的想法，并为小辰小朋友鼓掌。

类似的幼儿之间争吵的情况在一日活动中是很常见的，这或许是由于孩子们还不清楚日常活动规则，或遵守规则的意识不强等。但这不一定是坏事，因为这也是孩子成长的过程。如果加以正确引导，可以有助于孩子们社会交往能力的提升，对他们学习如何解决问题具有课堂教育无法替代的重要意义。

回应：

1. 规则教育：此事是由"抢椅子"引发的冲突，教师应该重申相关规则，并让孩子们自己处理此问题。如果孩子们无法自行解决，教师可以适当引导，帮助他们分析问题，找到解决问题的方法。

2. 榜样教育：榜样的力量非常直观，因此我会向孩子们展示班上表现好的小朋友的事例，让孩子们从他人身上学习如何处理人际交往中的问题。当孩子们遇到问题或犯错误时，我会及时指导和纠正，帮助他们提高与人交往的能力和处理问题的能力。

教师不能简单地充当宣判是非的"法官"，而应通过孩子们的冲突，了解他们的内心世界。这样教师才能更好地帮助孩子们分析问题和解决问题。

案例二　情绪控制（中班）

观察时间：2022年5月24日

观察对象：小涵

观察地点：行星三班教室

观察者：小敏

事件：

区域游戏已经开始了。今天，小涵选择了建构区。在搭建了一会儿积木后，小涵发现他需要的圆柱形积木已经没有了。于是他问旁边的小朋友："我没有圆形积木了，你们能不能分一些给我呀？"然而，没有任何小朋友理会他。小涵直接把旁边几个小朋友搭好的积木推倒，然后拿了一部分圆形积木回到自己的活动区。这几个小朋友向我告状。小涵则对他们说："看啊，我的积木这么少，谁让你们不分给我一点呢！"听了小涵的话，我便对建构区的小朋友们说："小涵需要圆形积木，我们该怎么办呢？"

于是建构区的小朋友们纷纷拿出自己的一些圆形积木给了小涵。同时，我也告诉小涵，需要玩具时，要靠正确的方法来获取，而不是通过破坏别人的活动。

分析：

在离园回顾时，我重述了今天在建构区发生的事情，询问小朋友们的看法。当赵毅涵没有圆积木时，他应该怎么做？我引导他们思考并自己寻找答案，从而得到解决问题的方法。这样一来，今后类似的冲突就有望避免，并且幼儿也可以学会解决类似冲突的方法。

回应：

1.榜样教育：榜样的力量具有直观性。我向幼儿们介绍班上表现出色的小朋友的事例，以此为例鼓励他们学习与人交往的技巧。当幼儿遇到问题或犯错误时，我们可以及时进行指导和纠正。

2.设计冲突的情境：我们可以模拟现实生活中常见的冲突情境，让幼儿观察并讨论，在讨论过程中帮助他们理解冲突发生的原因，以及如何解决。

第二部分 被动 VS 自主：环节融合，自主探究，优化一日活动质量

案例三　家园沟通（中班）

表3　行星四班家园联系记录表

幼儿姓名	楚妤	性别	女	年龄	5
时间	2022年3月23日	教师姓名	宣萱、薇薇		
内容记录	沟通背景： 楚妤是一位聪慧、活泼、交往能力强的小朋友，但是近期在班级中表现出了一些执拗的行为。经过我们的分析，发现孩子在家中接受奶奶的教育较多，家园之间的教育理念可能存在偏差。因此，我们邀请了楚妤的家长进行面对面的沟通，共同商量解决策略。 沟通实录： 萱萱老师：楚妤小朋友聪明伶俐，上课回答问题也很积极。然而，我们近期观察发现，孩子在一些方面表现出执拗的现象，比如必须站在队伍的最前面、对某些食物挑剔不尝试等。请问在家中是否出现类似的执拗行为？ 楚妤妈妈：我和孩子的父亲比较忙，所以日常生活中奶奶教育孩子较多。奶奶比较严格，注重传授知识，告诉孩子凡事都要争取第一。 萱萱老师：您一定要抽出更多时间关注孩子，并和孩子的奶奶进行沟通。孩子不需要在所有事情上都争取第一。给孩子一个良好的心理疏导。 楚妤妈妈：好的，我会和奶奶进行沟通，而且我平时对孩子的管教比较严厉，可能对孩子也有影响。我将更多去了解孩子，不再采用责骂等方式去教育孩子，并对孩子保持更多的耐心。 萱萱老师：孩子在逐渐成长中，个人独立意识日益强烈，正逐渐建立自己的独立人格，渴望自己的行为受到父母的关注。孩子倾向于表达自己的想法并得到实现，这种内心的表达欲发越发强烈。因此，家长应控制情绪，营造温暖有爱的家庭氛围，多给予孩子鼓励，用温和的方式对孩子进行正面引导，相信孩子将做得更好。 萱萱老师：另外孩子还有挑食和迟到的现象需要注意，要找出原因才能对症下药，解决问题。 楚妤妈妈：楚妤喜欢拖延时间，早上总是需要催促，因此经常迟到。我最近已经为楚妤买了时钟，还得再观察效果。 萱萱老师：针对生活习惯问题，我们要与孩子耐心地沟通，可以对孩子采取奖励的方式。例如，如果孩子能够珍惜时间、好好吃饭，就可以奖励小贴画，而集够一定数量的贴画可兑换一颗糖。 楚妤妈妈：好的，萱萱老师，我会根据您的建议，尝试用新的方法去纠正孩子的这些行为，并与家人沟通，形成思想与行动上的统一
教育建议	薇薇老师：针对孩子的生活习惯问题，可以采用奖励的方式，例如，如果孩子能够珍惜时间、好好吃饭，家长会给予小贴画的奖励。当孩子集够一定数量的小贴画时，将获得一颗糖果的奖励。 萱萱老师：针对孩子的情绪问题，家长应该先控制自己的情绪，并营造温暖有爱的家庭氛围，然后对孩子进行正面引导。 薇薇老师、萱萱老师：多让孩子参加集体性活动展示自己，在人多的地方进行表演，并及时鼓励孩子

"温暖一公里"行动：与楚妤家长沟通策略

一、孩子"执拗"现象的成因

1. 周围环境的变化

随着孩子的成长，其学习能力日益增强，接触到的环境变得更加复杂，对事物的看法也更加丰富。他们不再局限于父母的描述，期望通过不断尝试获得新的体验，所以孩子变得越来越不愿意与父母沟通或接受他们的意见。

2. 渴望获得更多关注和表达自我

上学后，孩子的独立自主意识逐渐加强，开始建立自己的独立人格，希望能够得到大人的关注和支持。此外，他们渴望表达自己的想法，并期待这些想法能够实现，这种内心的表达欲越发强烈。

二、如何科学应对孩子的"执拗"问题

处于"执拗期"的孩子通常想要去探索周围的世界，按照自己的意愿做事。但是这些意愿在家长的眼中是难以理解的。不按照孩子的意愿去做，孩子会大哭大闹。然而，对于这样的行为，很多家长仅仅将其理解为孩子任性。

那么，究竟怎样做才能够达到"双赢"呢？只有了解孩子"执拗"背后的原因，家长才能更好地应对。接下来，将介绍家长科学应对儿童"执拗"问题的四个方法。

1. 学会理解和变通

在培养孩子的过程中，家长不应过多限制孩子的自由，要给孩子留出自我成长的空间。同时，家长也应有底线和原则。

家长应了解孩子的心理特点，不采用责骂或殴打等方式教育孩子，要学会理解孩子，运用技巧帮助他们解决问题。最重要的是家长要有耐心。

2. 正确引导孩子

家长应尽可能尊重孩子的想法，与他们合作并获取孩子的信任，从而为后续的家庭教育打下基础。父母可以建立一些奖励和惩罚机制，通过奖

惩来规范孩子的言行举止。父母还可以透明化奖罚制度，让孩子明确错误与正确的行为，这样孩子就能自我判断对错。

3. 转移孩子的注意力

在孩子哭闹难以沟通的情况下，家长应通过孩子感兴趣的话题或事物来转移他们的注意力。当孩子冷静下来且情绪稳定后，再与他们进行沟通，这样可以避免冲突，孩子也更容易接受。

4. 控制自身情绪

当面对处于"执拗敏感期"的孩子时，不仅要做到以上这些，还要稳定自己的情绪。只有我们的情绪稳定了，才能冷静地意识到在我们面前的是我们最爱的孩子。我们要对孩子多些温柔、理解、尊重、拥抱和安慰，才能更好地陪伴孩子度过这一时期。

结语：家长在教育孩子的过程中，应采用温和、正确的方法让孩子意识到自身的错误。虽然孩子在不断成长，但毕竟还是孩子，他们的理解能力不如成年人，未必能理解父母所说的"大道理"。因此，我们一定要学会从孩子的角度看待问题，并耐心教导他们明辨是非，不再固执于错误的想法。

如果孩子的想法是真善美的，要进行表扬和鼓励，让他们知道这是正确的，坚持下去一定会得到美好的结果。如此日复一日，年复一年，孩子会形成美好的品格。

图6 家园沟通

案例四 班本研修

表4 2023年恒星组一日活动日计划

日期：2月13日—2月17日　　　　　　班级：恒星二班

时间	环节	工作重点	问题	策略	效果
7:20-7:30	前期准备	生活老师：7:20到岗； 准备工作：开窗通风；洗手；餐车、桌面和柜面消毒； 带班教师、配A教师、配B教师：7:30到岗	—	—	—
7:50-8:30	签到晨圈活动	生活老师：检查班级水壶架是否到位； 配A和配B老师：检查室内区域材料、签到表、计划本、笔、日历、温度计、点名卡是否到位； 配A老师；自主吃早餐； 带班教师：组织晨谈活动	自主吃早餐8:40还没结束	第一个吃早餐的幼儿拿垃圾桶，拿桌垫	—
8:40-9:40	第一游戏时段	带班老师和生活老师： 1. 组织幼儿进行室内区域游戏； 2. 做计划、工作、整理材料、回顾以及组织幼儿喝水	—	—	—

第二部分　被动 VS 自主：环节融合，自主探究，优化一日活动质量

续表

时间	环节	工作重点	问题	策略	效果
9:50—10:50	第二游戏时段	配A老师和配B老师： 1. 组织幼儿进行户外游戏； 2. 10分钟热身环节、口头计划、游戏环节、整理材料、回顾以及组织幼儿喝水	—	—	—
11:00—12:00 午餐	餐前	带班老师： 组织全班幼儿玩游戏 生活老师： 1. 擦拭消毒室内桌子； 2. 带领值日生铺被子 配B老师和辅助生活老师： 1. 协助生活老师做好消毒工作； 2. 提醒值日生铺被子 生活老师： 1. 洗干净双手，戴上口罩、手套，给幼儿舀第一碗汤； 2. 在规定时间打饭，并将饭菜放在安全且固定的位置	打餐路线混乱	1. +1区及图书区的幼儿从小过道走，防止冲撞； 2. 地上贴标识，提醒幼儿打餐路线	—
		带班教师和配A教师： 1. 组织播报员餐前播报，进行营养知识普及； 2. 组织餐前活动（说儿歌、玩游戏和学古诗等）； 3. 进行文明用餐教育； 4. 用生动的、游戏化的语言介绍饭菜名称和所含营养，丰富幼儿认知、增进幼儿食欲，鼓励幼儿不挑食、不剩饭等； 5. 教师按照七步洗手法正确洗手； 6. 幼儿分两组，自主打饭； 7. 组织幼儿进餐，餐前唱感恩歌 生活老师和配B老师： 1. 帮助幼儿有序进行餐前如厕和洗手； 2. 安抚幼儿情绪，帮幼儿做好愉快进餐的心理准备； 3. 组织幼儿进餐，餐前唱感恩歌	+1区容易忘打饭	给+1区选个个子高的幼儿当小组长，负责提醒幼儿打餐	

续表

时间	环节	工作重点	问题	策略	效果
11:00—12:00 午餐	餐中	生活老师： 1. 为幼儿打第一次汤； 2. 鼓励幼儿吃各种食物，在教师帮助下能吃完属于自己的那份饭菜。引导幼儿知道面食和菜、干点与稀饭要搭配着吃 带班老师： 1. 提醒幼儿按区域分组打饭； 2. 观察幼儿打饭情况； 3. 在配A教师吃完后进餐 配A老师： 1. 与幼儿一起进餐； 2. 进餐后换带班老师进餐； 3. 11:40提醒幼儿饭后漱口，送餐具和收椅子； 4. 观察值日生工作情况 生活老师： 1. 与幼儿一起进餐； 2. 11:40提醒幼儿饭后漱口，送餐具和收椅子	餐盘剩余残渣堵塞下水道	1. 告知幼儿残渣和汤汁要全部倒入垃圾桶； 2. 小小监督员站在门口确保幼儿盘子里没有残渣	—
	餐后	配A老师： 1. 组织幼儿有秩序地散步或背古诗，不拥挤和打闹； 2. 带领幼儿进行午检和午睡 生活老师和配B老师： 1. 在教室里督促幼儿用餐； 2. 打扫教室卫生； 3. 午睡前准备工作（拉窗帘、发卡盒摆放）； 4. 送走读幼儿回家； 5. 提醒幼儿主动整理餐具，收拾食物残渣，漱口； 6. 打扫教室卫生，营造午睡环境			

第二部分　被动 VS 自主：环节融合，自主探究，优化一日活动质量

续表

时间	环节	工作重点	问题	策略	效果
12:00—14:20	午睡	配 A 老师： 组织幼儿午检，小女生解头发，分组上厕所，巡视幼儿午睡情况 带班老师： 组织阁楼幼儿安静午睡 配 B 老师： 组织地毯区域幼儿安静午睡 生活老师： 督促剩余幼儿快速完成自我服务 配 A 老师： 提醒幼儿起床并自主叠被子 带班老师和生活老师： 帮助女生梳头发，整理被子 配 B 老师： 组织幼儿吃水果，打下午茶和饮水，并注意温度	今天发的橘子容易滚落餐盘	1. 遇到这样的情况，把杯子和橘子都放在小盘子上； 2. 双手一起端，防止掉落	—
15:00—15:20	午操	配 A 老师： 组织幼儿进行午操	—	—	—

续表

时间	环节	工作重点	问题	策略	效果
15:30-16:30	学习活动/场馆游戏	配A教师组织学习活动： 活动名称：大班美术《我的名字创意》 活动目标： 1. 能够从自己名字的寓意、笔画和结构特征出发，勇敢地进行创意书写； 2. 对于绘画活动表现出兴趣，并体验到名字设计和创作带来的愉悦感 活动准备： 1. 经验准备：幼儿能够准确地书写自己的名字；幼儿已经向家长了解过自己名字的含义； 2. 材料准备：勾边笔、彩色笔以及标有幼儿名字的绘画纸 活动过程： 1. 导入谈话，调动幼儿已有的经验，激发幼儿参与活动的积极性； 2. 展示教师的作品，让幼儿感受到名字创意绘画的趣味性，激发他们的创作欲望； 3. 带领幼儿进行设计和创作； 4. 展示和评价幼儿的作品； 5. 结束活动	—	—	—

第二部分　被动 VS 自主：环节融合，自主探究，优化一日活动质量

续表

时间	环节	工作重点	问题	策略	效果
15:30—16:30	学习活动/场馆游戏	配 A 教师组织场馆游戏：色彩吧、线描 活动名称：我是特种兵 活动目标： 1. 了解特种兵的含义、组成和特征，表达对军人的敬意，并了解军事用枪和飞机的特征。教育孩子要有不怕困难、吃苦耐劳的精神； 2. 运用透视法来表现画面空间，注意人物比例的准确性 活动准备： 1. 绘画技法：运用黑白灰色调来表现人物和飞机；2. 纸张类型和规格：8 开素描纸；3. 画笔类型和规格：细、粗勾线笔、铅笔和橡皮；4. 其他材料：彩色粉笔、刮刀、餐巾纸 生活老师： 1. 维护卫生间的清洁；2. 在活动室内协助教师组织区域活动，注重培养幼儿学习和生活习惯；3. 提醒幼儿主动整理玩具 配 B 老师： 1. 在活动室内协助教师组织区域活动，注重培养幼儿学习和生活习惯；2. 提醒幼儿主动整理玩具；3. 协助幼儿整理活动所需材料	—	—	—

续表

时间	环节	工作重点	问题	策略	效果
16:30—16:50	晚餐	配A老师、配B老师： 1. 组织全班幼儿玩游戏； 2. 帮助幼儿有序进行餐前如厕、洗手； 3. 安抚幼儿情绪，帮助幼儿做好愉快进餐的心理准备； 4. 组织幼儿进餐，餐前唱感恩歌 生活老师： 擦拭、消毒室内桌子 带班老师、生活老师： 为幼儿打第一份饭	—	—	—
16:50—17:00	幼儿有序离园前的准备工作	带班老师、配B老师： 1. 组织幼儿进行一日回顾； 2. 针对班级发生的事件进行讨论； 3. "哇"时刻分享，让幼儿对自己有所肯定； 4. 整理仪表和赞美环节； 5. 复习古诗，布置小任务； 6. 4:40进班协助午班教师进行幼儿离园前的准备工作 配B老师： 1. 检查幼儿水壶中的水是否喝完； 2. 帮助幼儿整理仪表 生活老师： 提醒幼儿有序放椅子并到走廊排队 带班老师： 4:50准时到达各班门口准备放学，等待时组织幼儿说儿歌和唐诗等 配B老师： 1. 提醒幼儿按学号排队离园； 2. 协助午班教师做幼儿离园前的整理工作（幼儿着装、物品等）	离园前时间紧张，幼儿拿门禁卡玩耍，容易导致门禁卡丢失	1. 由于下午吃饭时间较紧张，幼儿在用餐前应穿好衣服； 2. 在穿好衣服后，打开窗户，进行用餐； 3. 用餐结束后，应送回餐盘，然后携带好门禁卡； 4. 拿起水壶，确保仪容整洁，在门口排队有序离园	—

第二部分 被动 VS 自主：环节融合，自主探究，优化一日活动质量

续表

时间	环节	工作重点	问题	策略	效果
17:00-17:10	离园后	生活老师： 1. 清洗幼儿的毛巾，进行消毒处理； 2. 对户外玩具进行定期消毒工作（每周一次） 带班老师、配A老师和配B老师： 1. 分别负责教室环境的清扫和消毒工作； 2. 完成各种表格的填写与记录； 3. 进行班本教研，并做好相关的记录； 4. 关闭水电和门窗，对教室进行半小时紫外线消毒； 5. 锁好门并将钥匙放置于接待室	—	—	—
重点观察对象	带班	一澍			
	配班	瑞熙			
	生活	熙尧			
家长工作		在班级微信群中协助幼儿完成阅读打卡			

【星空】恒星二班班本教研

图7 班本教研

【教师心语】

"离园活动"是幼儿园一日生活的重要组成部分，也是教育过程中不可忽视的重要环节。因为不同年龄的幼儿在身心发展上有不同的特点，所以他们在离园这个环节的表现和需求也会有区别。作为教师，我们应该根据实际情况及时组织有目的、有计划的活动，抓住离园环节中的教育机会，提供有效的指导和协助，以满足幼儿在各个方面的需求。这样，能保证幼儿在离园时既愉悦又放松，离园活动也能变得充实而有趣。

——胡晶 教龄10年

离园环节是幼儿园一日生活的最后阶段，它不仅仅是幼儿告别老师和同伴的过程，还应该有更丰富的内涵和更广泛的作用。离园活动在幼儿园中一直是一个展示的窗口，是家长经常接触并能直接看到的教学活动，离园活动的质量直接影响家长对班级的评估。因此，在离园环节中，作为教师，我们要思考自己应该做些什么。在我过去几年的工作经历中，我也遇到过

第二部分　被动 VS 自主：环节融合，自主探究，优化一日活动质量

困难和问题，并通过反思和尝试找到了良好的解决方法。

——张明月　教龄 4 年

离园环节是我们幼儿园日常生活中不可忽视的一个重要环节。我在盐湖区第四幼儿园陪伴孩子们度过了他们在幼儿园的旅程。身为一名生活老师，除了完成自己的本职工作，我也逐渐参与幼儿的生活教育。例如，在孩子们升入中班后，他们的自我意识逐渐增强，思维活跃，也有了自己的想法，这是建立规则的关键时期。因此，我与带班老师商议了孩子们晚饭后的生活规范，我们给孩子们设置了规则：餐盘放在推车的上层，碗放在推车的中层，推车边的桌子上放一个装着勺子的碗。经过两周时间，孩子们养成了良好的餐后习惯，能够在离园活动中积极参与教学活动。我感到我的价值得到了提升。

——王静　教龄 4 年

第三部分 主导 VS 共生：观察、反思、支架，有效推动学习的深度发生

丛林中的每个生物之间都会遵循一种生物链，互相影响，互相依附，相融共生，这才有了丛林葱茏和旺盛的生机。因而有效、高质量的课程一定是师幼共生、共同创造的课程，只有这样，课程才有旺盛的生命力，生活才是自己创造的幸福，每个人才有看得见的成长，教育也才能真正地诠释出：

什么是"儿童视角"；

什么样的行为才是尊重儿童，支持儿童；

什么是影响师幼互动质量的因素；

为什么课程的生发点一定是基于教师的有效观察；

成人有效的鹰架支持有哪些策略；

……

一场场灵性的对话，一个个真实的情景，一个个感动的故事，让我们看到了成长中的"哇时刻"，也理解了教育的真谛。无论是教师、幼儿还是家长，这都是一场智慧和爱的修行。

教师篇

瞧，我画的恐龙云

【故事实录】

早上来园做完自我服务后，小景来到晨圈线上。我提醒道："小景，请拿板夹、印章和彩笔来签到。"

他放下小椅子，走到板夹架子前，在第二排找到自己的板夹并取下来，然后来到印章盒前，在对应的格子里找到自己的名字印章，并从彩笔盒中选择了一支心仪已久的红色水彩笔。之后，他走回自己的椅子旁，放下手里的东西，打开印章准备签到，但又回过头问道："老师，今天星期几？"我回答："星期二，找两个横的二。"小景一手拿着板夹，另一只手的一个手指准确地指着星期二的位置问："是这个吗？"我点了点头。他盖好印章，放在一旁，拿起水彩笔，打开笔帽，握着笔转过头对我说："今天是多云的天气。"我再次点头，他便转身开始在格子里画天气。1分钟后，他笑眯眯地拿着板夹走到我跟前说："老师，你看，我画了一个恐龙云。"我赞叹道："哇，这么威风的恐龙云啊！"他笑着收起自己的计划板夹，放回原位。

【分析】

小班后半学期的孩子们已经通过幼儿园的活动建立起了归属感和安全

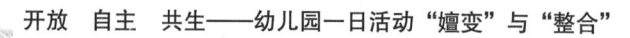

感,对于幼儿园的常规活动流程也很熟悉,并有一定的把控能力。在案例中,我们能够看到小景小朋友具有很强的任务意识和观察力,他能够主动参与签到活动,并在教师的提醒下准确找到盖章的位置,这表明他对时间概念有了一定的掌握。此外,小景在绘画和语言表达方面展现出很强的能力,他能主动与教师交流自己的创作和感受。

【教师的思考】

晨间签到活动看似是一个简单的环节,但在无形中为孩子们创设了民主、自由和包容的环境,让孩子们喜欢上幼儿园。每天以他们自己的方式进行签到活动,不仅增强了他们的归属感、任务感和安全感,同时也使幼儿的观察力、口语表达能力和想象力得到了很大的提升。通过每天的签到游戏,培养幼儿们逐渐形成作息时间观念。

(观察教师:郝卫红)

第三部分　主导 VS 共生：观察、反思、支架，有效推动学习的深度发生

小签章游戏，大智慧成长

【故事实录1】

阳光明媚的早晨，伴随着欢快的来园音乐，星宝们高兴地进行签章游戏。旻旻、嘉嘉和思思挤在一张桌子上，旻旻说："你往那边挪一点，我都没有位置了。"只见她一边说一边推着旁边的思思。思思不开心地噘着小嘴说："哼，我先来的！"不一会儿，签到桌旁就挤满了小朋友。

【分析】

小班幼儿对签到游戏有着浓厚的兴趣，积极参与度很高。然而由于孩子们较多，一张桌子无法同时容纳所有孩子进行签到，导致入园高峰时段的签到秩序混乱。因此，我们需要进行空间调整。首先，将签到桌的数量增加至两张，同时将排队路线从原本的两条队伍升级为四条队伍，以缓解签到高峰期的拥堵现象，并减少幼儿的等待时间。其次，我们会贴出有序排队等候的卡通图标，提醒幼儿耐心等待。第三，签到桌上放置多肉植物和幼儿喜爱的卡通摆件等装饰，为幼儿营造温馨如家的舒适感。

【故事实录2】

帅子在桌子上翻来翻去地说："我的印章跑到哪里去了？"只见他一

边焦急地寻找，一边向旁边的小朋友询问。妃儿说："在这里呢，给你！"

京昊说："这是我的，你搞错了。"

一心说："不对，我昨天就把它放在这里了。"

【分析】

每天早上都有孩子找不到自己的印章，盖完印章后随意放置，因为印章而引发小纠纷等问题。究其原因，是印章在收纳和定位方面的安排不固定，不利于幼儿养成习惯。为解决这些问题，我们进行了以下调整：

1. 更换印章盒子：为了方便取放印章，我们将原来使用的深盒子更换为浅盒子，并在每个印章上贴上对应的照片，帮助幼儿准确地找到自己的印章。

2. 印章的定位：为避免幼儿随意放置印章，我们对印章的放置位置进行了6S定点定位，并按颜色分类整理，帮助幼儿养成物归原处的良好习惯。

【故事实录3】

家长说："宝贝，这里要盖姓名，看清楚了……"每天来园最热闹的环节莫过于此，教室门口热闹得像赶集一样。

康康说："妈妈，我不会拿板夹！"

京昊说："妈妈，今天是什么天气？"

星宝们向家长们发出各种求助，老师们在一旁及时提醒道："各位爸爸妈妈，请让孩子们自己签到！"然而这些叮嘱并没有起到太大的作用。若檀喊道："关关老师，阿姨们都挤到我这里了，好难受。"千翔大声建议："小朋友可以自己放板夹。"待入园高峰期过后，楼道里才逐渐恢复安静。

【分析】

孩子们已经对签章游戏非常熟悉，然而我们又发现了一些问题，如代

第三部分 主导 VS 共生：观察、反思、支架，有效推动学习的深度发生

签、代签，孩子不会签、乱签等。家长过度的干预剥夺了幼儿自我学习体验的机会，没有真正放手。因此，在家园共育方面，我们需要与家长达成教育理念的一致。首先，需要转变家长的观念。我们可以在离园时刻一对一进行针对性沟通交流，提供具体方法，并在班级群中发布签章游戏的教育价值，及时表扬进步的幼儿。其次，在家长指导方法上提供支持，例如与孩子一起关注今天的天气预报，在早上上幼儿园时与孩子谈论今天是星期几以及天气情况。晚上可以与孩子一起玩签章游戏，让孩子了解每个小格子的意义和内容。我们要相信孩子是有能力学习的。再次，在晨谈环节，教师可以针对今晨的签章游戏现象与孩子们进行交流，并开展一系列活动，如评选进步小明星、签章游戏小能手等。

【教师的思考】

通过一系列的签章游戏改革措施，不仅让幼儿体验到了快乐和趣味，缓解了入园焦虑，也帮助幼儿初步建立了一日活动的常规习惯，整个环节变得井然有序："关关老师，早上好！妈妈再见，我会自己签到！"琛彭兴高采烈地来到签到区域。"快看，我自己盖章，今天是晴朗的天气，我的名字章在这里！"昱希在盖完章后独立地将签到板夹放回原位。小朋友们有序地拿板夹、排队、盖章签到……

高宽课程提出：当幼儿能够掌控一天中事情的顺序和内容时，他们会感到安心和更有力量。入园时的小小签章游戏让我深刻理解，为幼儿创设一个安全、丰富且支持探究的环境对其发展的重要性。作为教师，我们要善于观察和立足于生活，用幼儿的视角审视我们的工作，并反思我们的教育行为，坚持下去。相信我们一定能够为幼儿建立一个适合他们发展的世界。

（观察教师：关宇霞）

开放　自主　共生——幼儿园一日活动"嬗变"与"整合"

"奇思妙想"的田诚意

【故事实录】

在每天做计划时间的活动里，田田总是最后一个完成计划。他总是将计划纸画得满满的，各种线条和图案交织在一起，他还骄傲地说自己在设计迷宫。

老师："田田，做完计划就可以和老师分享哦。"

过了10分钟后，田田拿着计划板过来。

老师："你画的这个是什么呀？"

田田："这是我设计的迷宫。"

老师："那迷宫的起点在哪里？"

田田："在这里。爸爸开着车从这里出发，一路上有很多条小路，每条小路都是一个地方，每条路上都会有出口。"

老师："你画的是爸爸开车带着你去了这些地方对吗？"

田田："嗯嗯，爸爸开着大车带我去的。"（田田的爸爸是一位大车司机）

老师："哇！你的记忆力太好了！能把路线记得如此清晰，还能把它画出来！今天的计划完成得很好哦，你可以和小朋友一起玩迷宫游戏哦。"

（在我的倡议下，田田和他的好朋友一起开始了走迷宫的游戏）

第三部分 主导VS共生：观察、反思、支架，有效推动学习的深度发生

第二天，田田又开始了他的迷宫路线设计。

老师："田田，你的迷宫设计好了吗？"

田田："好了，老师你来看。"

老师："哇，今天的迷宫看起来有点难哦！"

田田："我的迷宫入口在这儿，出口在下面，中间有很多口，有些能出去，有些是陷阱出不去，要重新走回来再找出口出去，我的迷宫有两个出口。"

老师："今天的迷宫看起来更有挑战性哦，路线比昨天画得还要长，而且更加复杂，迷宫的难度提高了，为你点赞！而且你做计划的速度也越来越快了。"

经过两天的交流与鼓励，接下来的几天，田田完成计划的速度越来越快。最后一天，他不再单独设计迷宫，而是设计了一座城堡迷宫。他说："我今天要在建构区设计一座城堡，城堡的周围有迷宫花园，里面有公主和王子，在花园里一起玩。"

老师："哇，你的想象力太丰富了，非常期待你今天的作品展示哦！"

【分析】

幼儿升入中班后，相比小班时更有自己的主见，并且愿意持续去做自己感兴趣的事情。在计划时间中，我们可以观察到田田最近对设计迷宫表现出特别的兴趣，而且能够坚持这个兴趣。与小班相比，他的目标明确性和坚持性提高了很多。在与老师交流时，他能用完整且清晰的语言表达迷宫的入口、出口和陷阱等要素，思路很清晰。在案例中我们还注意到，在老师的引导下，田田的迷宫设计内容和情景变得越来越丰富，难度也不断提高。

【教师的思考】

我们相信每一位孩子天生都是学习者。他们具有独立的思想、意识和

行为，他们对周围有着与生俱来的探索和学习的渴望。作为教师，认可、支持和鼓励对孩子来说至关重要。我们的支持包括追随孩子的兴趣，以孩子的兴趣为出发点，遵循孩子的个体差异，适时引导和支持孩子选择感兴趣的领域，完成他们的想法。

当我们发现孩子对迷宫有着坚持和兴趣时，我们就需要抓住这一兴趣点和关键期，为孩子提供更丰富的材料，支持他们的兴趣和想法，实现他们的梦想。例如，在区角提供迷宫绘本、各种搭建迷宫的材料，在户外提供大型积木或纸箱，促进孩子游戏行为的更高层次发展。孩子的迷宫游戏从"纸上谈兵"发展到"迷宫创作"，不仅学习了纸上迷宫图的经验练习和复制，还发展了空间思维和逻辑思维，积累了规划布局建构的经验，大大拓展了幼儿的创意、想象力和社会性发展。

（观察教师：杨蓓）

第三部分　主导VS共生：观察、反思、支架，有效推动学习的深度发生

我会写名字了

【故事实录】

早上，孩子们在完成计划后会主动请求老师检查他们的计划纸，看看是否正确且完整。

第一天的计划时间：

小荷："老师，我的计划完成了！"

老师："哇，你今天的计划纸上写上了自己的名字，真棒！"

计划时间结束后，我在班里对孩子们说："大家一起来看看小荷今天的计划纸，你们发现了什么？"孩子们睁大眼睛仔细观察着。

仔仔："我看到她的日期和时间写得很准确！"

小优："小荷今天画的太阳很漂亮，颜色涂得好均匀！"

小西："她画了两本书，我知道她今天要去图书区看两本书。"

一诺："我发现她会写自己的名字了！"

大家观察得非常仔细，小眼睛发现了小荷计划纸上很多的小秘密。小荷今天的计划做得非常出色，而且还写上了自己的名字："小荷"。小伙伴们都惊讶地发出了赞叹："哇，小荷太厉害了，居然能写名字！"大家给小荷送上了爱的鼓励！与此同时，我听到有的孩子说："我回家也要学着写我的名字，我会让妈妈教我写名字……"孩子们互相交流着。

第二天的计划时间：

吴诗童："老师，我已经会写我的名字了！"只见计划纸上出现了"吴诗童"三个字；

贾涵睿："我的名字太难写了，我只会写我的姓'贾'，后面的名字我还不会写，我还需要继续学习。"

第三天的计划时间：

仔仔："老师，请你帮我在纸上写下我的名字，我想学着写自己的名字。"

糖糖和果果一起拿着计划纸请求小荷教她们写名字，三个人趴在一起非常认真，最后糖糖也在纸上写出了自己的名字。

图1

【分析】

1. 大班下学期的幼儿已经对书写产生了一定的兴趣，小荷在她的计划纸上写下了自己的名字。

2. 在同伴的影响下，班里的一部分孩子对写名字产生了兴趣，他们开始讨论交流各种写名字的方法。

3. 孩子们对这种自然发展的活动非常感兴趣，并积极主动地参与其中。

第三部分　主导 VS 共生：观察、反思、支架，有效推动学习的深度发生

【教师的思考】

根据《3-6岁儿童学习与发展指南》的教育建议，应让幼儿在写和画的过程中体验文字符号的功能，培养他们对书写的兴趣。孩子在计划纸上写下自己的名字后，老师在全班孩子面前对其进行表扬和鼓励，激发了更多孩子学习写名字的愿望，让每个孩子都能获得进步的机会。此外，同伴之间的互相鼓励和学习也展现了孩子们的沟通交流和人际交往能力的发展。

（观察教师：肖娜）

没带吸管怎么办？

【故事实录】

在晨谈活动中，为了了解孩子们是否有带吸管，我们进行了交谈。

小鑫皱着眉头说："老师，妈妈没有给我带吸管。"

图1

小浩说："奶奶忘记给我带吸管了。"

老师问道："科学课马上就要开始了，如果去家里拿可能来不及。有什么其他办法可以解决这个问题？"

小茹说："我带了两根吸管，可以给小鑫一根，给小浩一根，但是我就没有了。"

第三部分　主导 VS 共生：观察、反思、支架，有效推动学习的深度发生

图 2

小皓说："你可以留一根给自己，给小鑫一根，这样就够了！"

老师点头说："这是个好办法。但还有其他小朋友没有吸管呢。"

小依说："我们可以找一个纸杯，在它的后面扎一个洞，就可以吹出泡泡了。"

图 3

小琪说："可以用一个宽胶带，一卷就可以变成一根吸管了。"

图 4

小萱说："我有一个好办法，我们可以用教室里的管道积木。"

小琛说："任何有洞的东西都可以用来吹泡泡。"

老师说："那我们分头行动，到教室里找一找。一会儿进行实验时，看你们的工具是否能吹出泡泡。"

图5

图6

【分析】

在班级微信群里提前发布了通知,需要准备活动所需的材料,并告知孩子第二天需要收集吸管,但仍然有一些孩子忘记带了吸管。于是就提出了一个话题:"没带吸管怎么吹泡泡?"从谈话活动中可以看出孩子们展现出的能力,他们能清晰地表达遇到的问题,并寻求解决的办法。

小茹立刻想到了与其他小朋友共同分享她的吸管。小萱、小依、小琪、小琛都能积极踊跃地想出办法。孩子们展现了丰富的生活经验,并能够积累和运用。

然而,那些没有带吸管的孩子为我们提出了需要探索的问题。孩子们应该养成自行检查物品的好习惯,而不是说"奶奶没给我带"。

【教师的思考和回应】

《3–6岁儿童学习与发展指南》明确指出,我们要引导幼儿通过观察、

第三部分　主导 VS 共生：观察、反思、支架，有效推动学习的深度发生

比较、操作和实验等方法来学习发现问题、分析问题和解决问题。课程就在儿童的生活中，就在儿童的行动中，就在发现和解决问题的过程中。生活中的事物是儿童活动的重要对象，它们能够给儿童带来乐趣和挑战，也能给他们带来经验。

基于以上教育建议和思考，我将采取以下几个行动：

1.鼓励那些积极帮助其他小朋友找解决办法的孩子，并对他们的热心给予肯定。为孩子们提供支持性的材料，放手让他们尝试自己的猜测和设想，去找到答案。

2.针对如何学会自行检查物品，我将进行一次谈话，培养孩子们自己操心和处理自己的事情的能力，而不是依赖家人。

3.教孩子们如何记住任务，并学会复述任务。

4.提醒家长注意关注通知群里的消息，并与孩子一起阅读通知，告知他们第二天所需要的物品，并与他们一起准备，整理好放入小书包，培养孩子养成整理物品的好习惯。

（观察教师：郝亚茹）

我可以再来一次吗？

【故事实录】

今天轮到可可做小小播报员了。只见她低着头走到小朋友们面前，说："大家好！我是今天的小小播报员……"声音很小，还有点干哑，不太自信。"老师，我们听不到可可说什么！"有个小朋友提出了问题。这时，她转过脸看了一眼我。我说："我相信你可以大胆自信地给大家做播报！可可加油哦！"她听了，深吸了一口气，就重新开始播报，声音稍微响亮了一点点，但依然不敢正视小朋友们的目光。她的眼睛一直盯着晨谈墙，侧身对着大家做播报。

晨谈结束后，可可走到我跟前，说："老师，刚才我做小小播报员的时候有点害羞紧张啊！我能不能再来一次呢？"我没想到这么小的她竟然如此主动积极，对此感到非常惊喜，我说："当然可以！我相信你下次会做得更好的！"之后的几天，可可妈妈告诉我，可可在家里一直坚持练习每日的播报。看着镜头里的可可，我觉得她是世界上最完美可爱的努力宝宝。

有一天早上，可可第一个吃完早餐，对我说："老师，今天可以让我当小小播报员吗？"我说："当然可以！"只见她连蹦带跳地跑去找

第三部分　主导 VS 共生：观察、反思、支架，有效推动学习的深度发生

白板笔，然后认真地修改每日播报的信息。我看着她急不可耐的样子，相信这一次她一定能够突破自己，成功地完成播报。

晨谈开始了，小朋友们用热烈的掌声欢迎可可。"大家好！我是今天的小小播报员……"只见她身姿挺拔，面带微笑，不再躲避听众的目光，声音清晰响亮，语言流畅自然。整个播报过程如同一个经验丰富的新闻播报员。孩子的进步实在让我赞叹不已！播报结束后，我和小朋友们都不自觉地鼓掌，热烈的掌声顿时在恒星一班响起……可可开心地笑了。

图1

【分析】

对于自己的"不足"之处，可可选择勇于面对，主动向老师争取再来一次的机会，选择回家练习、突破自己。在第二次当众讲话中，她终于获得了一次成功的经验！面对别人的否定与批评，她不一味抗拒，而是虚心接受并努力改正。面对害羞紧张的问题，她不气馁，而是相信自己可以做得更好。面对不完美与挫折，她没有沉浸在伤心难过中，而是用实际行动来证明自己是可以的！

【教师的思考】

在本案例中，我抓住了教育契机，给予孩子以下支持和指导：
1.了解可可的兴趣爱好和特长，表扬她具有勤奋好学的精神，肯定她

遇到问题时保持乐观向上、积极主动的心态。这不仅增加了她的自信心，还创造了幼儿之间相互学习的机会。

2.利用晨间播报、小组分享的机会让她当众表达自己的想法，给她更多展现自我、表现自我的成功体验，帮助她克服当众发言时的害羞和紧张。

（观察教师：苏晓晶）

第三部分　主导 VS 共生：观察、反思、支架，有效推动学习的深度发生

呼啦圈闯关

【游戏背景】

幼儿热爱游戏，游戏是他们获取愉悦体验的有效途径。呼啦圈作为颜色鲜艳的运动器材，深受幼儿喜爱，其可塑性强，玩法多样，可以利用它促进孩子的行走、跑跳、穿越、攀爬、投掷等运动能力的发展，激发幼儿学习和锻炼的兴趣，培养幼儿的创造力和探索精神，享受游戏带来的乐趣。我们尝试引导孩子们开展"好玩的呼啦圈"一物多玩活动，让他们在体验中获得成长！

【故事实录】

今天进行的是双人或多人呼啦圈创新玩法，小琛和小诺小朋友正在探索新的玩法。

第一次尝试：

受到两位小女生呼啦圈玩法的启发，小诺和小琛也开始探索。他们将呼啦圈夹在两人腿下，一起向前移动，取得了很成功的结果。

第二次尝试：

两人把呼啦圈交叉放置成十字，小诺先进入其中，并对小琛说："你也快进来。"小琛一只脚先进入，但另一只脚却一直无法进去。尝试了几

次后,小诺提示了小琛,最终他们两个都成功将双脚放入十字形的呼啦圈内。之后,他们保持平衡站立片刻,接着小诺让小琛和他一起套在十字圈里走起来。两人边走边倒,边走边摔。

我问道:"你们有没有想到什么更好的方法,可以保持呼啦圈平衡并使其快速移动呢?"

第三次尝试:

没过多久,他们兴高采烈地告诉我:"我们俩可以同时移动,这样呼啦圈就会移动了,我们的双脚必须同时移动。"他们一边说一边向前移动。

图1

图2

第三部分　主导 VS 共生：观察、反思、支架，有效推动学习的深度发生

图 3

【分析】

1. 小琛和小诺在面对相同的玩具时，展现了独特的想法，并且勇于创新实践；

2. 他们两人能够根据自己的想法进行合作，通过身体协作和脚步移动，使得呼啦圈保持平衡并逐渐移动起来；

3. 从最初使用单个呼啦圈到交叉放置两个呼啦圈，他们成功地保持了平衡并实现更快的移动。在整个过程中，他们运用了手、眼、脚和身体等多种感官和动作去探索物体，并关注动作所带来的结果。

【教师的思考】

《幼儿园教育指导纲要》中指出，培养幼儿对体育活动的兴趣是幼儿园体育活动的重要目标。幼儿对呼啦圈充满好奇和学习兴趣，这正是培养他们良好学习品质的重要时机之一。在孩子们的游戏过程中，学习和发展自然而然地发生。他们不断升级和创新小小呼啦圈游戏，即使遇到困难也不气馁，而是相互合作寻求解决办法，促进了幼儿动作技能的良好发展。在游戏中，教师给予了以下回应：

1. 鼓励幼儿在游戏中自主探索各种玩法，从简单玩法到具有创意的玩法；

2.在游戏过程中，教师持续观察幼儿的游戏情况，并提问，逐步引导和支持幼儿进行深度的游戏探究；

3.教师关注幼儿活动的兴趣点，鼓励幼儿一次次尝试，从失败中获取成功的经验。

（观察教师：肖娜）

第三部分　主导 VS 共生：观察、反思、支架，有效推动学习的深度发生

好玩的轮胎

【游戏背景】

《3-6岁儿童学习与发展指南》中指出，应当珍视幼儿生活和游戏的独特价值，充分尊重和保护幼儿的好奇心和学习兴趣，创设丰富的教育环境，最大限度地支持和满足幼儿通过直接感知、实际操作和亲身体验获取经验的需求。为了让班级幼儿能够积极主动地参与户外自主游戏活动，体验轮胎游戏带来的乐趣，并尝试使用不同的材料和轮胎组合进行游戏，培养幼儿坚持不懈、勇于面对困难的意志品质，我们进行了为期一个月的轮胎探索活动。

【过程实录】

第一次游戏：（教师高控下的游戏行为）

户外活动开始了。本周我们投放了辅助材料（沙包、梯子、平衡木、路障）。在热身游戏结束后，小朋友们选择了自己想要的辅助材料并进行了分组。我带领的是沙包组。

我："你们觉得沙包和轮胎结合起来可以怎么玩呢？"

小越说："可以投沙包。"

我："那轮胎呢？"

小然说:"我们可以把沙包投到轮胎里。"

我:"这个主意不错。我还有一个更具挑战的玩法,你们想试一试吗?"小朋友们纷纷表示想尝试。

在向小朋友们介绍完玩法后,进行了分组。六个小朋友负责推动轮胎,剩下的小朋友拿着沙包并躲避推过来的轮胎,再把沙包投掷进对面的轮胎里。游戏开始后,推动轮胎的小朋友没有按照我给出的玩法去进行,而是推着轮胎跑来跑去。于是,我再次向推轮胎的小朋友解释了玩法,而拿着沙包的小朋友则只能在原地消极等待。

在教师高度控制的情况下,我意识到小朋友们参与度低,无法进行自主探究,只能按照教师的想法进行游戏。从小朋友们的表情来看,他们没有获得自主游戏的成就感,只能被迫听从教师的建议。

活动结束后,我们进行了反思。高度控制的游戏方式限制了幼儿思维能力的发展和学习的主动性,因此,我们决定放手让幼儿游戏。在放手后,我们为幼儿提供以下支架:

1. 给予小朋友时间:先观察小朋友的游戏,需要帮助时再介入,更好地支持幼儿的游戏;

2. 给予机会:给幼儿模仿学习的机会,让他们自己选择材料、自己选择玩伴、自己构建游戏的玩法;

3. 给予任务:例如,询问他们是否有需要帮助的问题,如果提高难度会有什么不同的结果。通过适时、适度的指导,促使幼儿向更高水平的游戏发展。

第二次游戏:

镜头一:

在完成热身,提出要求后,小朋友们开始了关于轮胎和辅助材料的探究。他们拿到自己需要的辅助材料后,展开了自己的探索之旅。小朋友们想出了很多种轮胎的玩法,不一会儿,操场上就布满了小朋友们的探究成果。我刚好走到了小炜他们的组,他们拿了一个架子,架子的左右两边分

第三部分　主导 VS 共生：观察、反思、支架，有效推动学习的深度发生

别放了梯子和平衡木，可以从梯子这边走上去，然后从平衡木这边滑下来。我观察了一会儿，注意到还没有出现轮胎。

我问道："我们的轮胎可以在你们搭建的作品里面做什么呢？"

小炜回答说："我们可以把轮胎滚上去，然后再推下来。"

我称赞道："这个主意真的很棒。"

小浠说："我去拿轮胎。"

轮胎拿过来后，小浠从梯子那一侧开始，把轮胎推到最高点，然后从平衡木那一侧推下来。在推下去的过程中，轮胎会碰到前面司若辰他们组的游戏材料。经过三次尝试，小炜发现了这个问题，嘴巴张了一下没有说话，于是我把他们三个小朋友叫到一起。

我问道："我发现你们在推轮胎的时候会碰到小辰他们那一组的材料，你们有什么办法可以避免这个问题吗？"

小浠和小宇说："我们想不出来啊。"

小炜说："我们可以将这个往后移一点。"

我说："好的，那我们一起来试一试吧。"

三个小朋友合作将材料移到后面进行了还原，这样就不再碰到前面的材料了。

图.1

图2

镜头二：

孩子们展开了自主探索，他们尝试着比赛谁先将轮胎滚到终点，搭建轮胎山，或是将轮胎排列成格子跳跃……

图3

图4

小辰小朋友和怡辰小朋友发起了号召，邀请其他小朋友利用轮胎和梯

第三部分 主导 VS 共生：观察、反思、支架，有效推动学习的深度发生

子等材料来搭建一个赛道。刚开始搭建赛道时，因为担心不牢固而有些危险，怡辰为小朋友们扶住轮胎，以测试赛道的可行性。

小辰小朋友说："挺好玩的，只是赛道有点短，我们还没怎么玩呢就结束了，我们可以把赛道建得更长一些。"

怡辰小朋友说："那我们一起再增加一点长度，小男生去帮忙搬一些轮胎，小女生去搬一些梯子和平衡木！"于是赛道逐渐完善，小朋友们纷纷前去尝试赛道玩法。

图 5

图 6

镜头三：

在开始搭建赛道的时候，小蓓小朋友遇到的第一个困难是什么呢？

小蓓说："当平衡木放在这里后，我们从平衡木下去时，平衡木就塌了，很容易摔倒。我们该怎么办呢？有谁能帮我一下？"小朋友们一起想办法，小炫说："我来扶住平衡木吧！"大家再次进行尝试。如果有小朋

· 235 ·

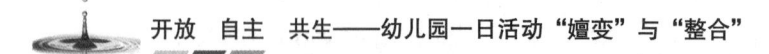

友扶住平衡木，还会容易摔跤吗？我没有干涉他们，而是让他们自己探索。结果似乎还可以，但需要很大力气才能让平衡木撑住。然后小炫想到了一个新点子："用轮胎把它挡住，这样它就不会滑下来了！让我们再试试吧！"经过小朋友们不断尝试，他们将轮胎放在平衡木的另一端，这次终于不再出现塌落的情况。

紧接着，他们又遇到了第二个问题，轮胎山容易倾倒。于是我问道："为什么这个轮胎山容易倾倒？"小喆小朋友回答："因为下面的轮胎比上面的轮胎小，所以不稳定！"我追问："那我们该如何解决呢？"小喆说："我们应该将轮胎摆放整齐！"第二个问题也得到了解决！

图7

图8

【分析】

在这个游戏过程中，我们观察到幼儿游戏图式的发展。幼儿运用了搬

第三部分　主导VS共生：观察、反思、支架，有效推动学习的深度发生

运图式，将材料从架子上搬出来；他们使用了连接图式，将梯子、架子和平衡木组合在一起；从赛道的一端走到另一端的过程中运用了轨迹图式等。

在游戏过程中，我们发现幼儿能够探索轮胎的多种玩法，掌握搬运、滚动和堆叠轮胎等技巧。他们愿意向其他小伙伴请教问题，在活动中能够与同伴合作，共同克服困难。

在游戏体验中，幼儿逐步培养了认真专注、勇于挑战的学习品质。通过不断的探究，他们发展了独立解决问题的能力。

【教师的思考和回应】

《3-6岁儿童学习与发展指南》中强调了珍视幼儿生活和游戏的独特价值，充分尊重和保护幼儿的好奇心和学习兴趣，创设丰富的教育环境，最大限度地支持和满足幼儿通过直接感知、实际操作和亲身体验获取经验的需求。

在"玩转轮胎"活动中，我们给予了幼儿充足的自由时间和空间，创造了开放的活动环境，让他们能够自主、大胆地尝试和探索。这样的活动使幼儿变得善于观察，并展现了孩子们不同的探索方式和认知想法。这更加证明了孩子天生就是积极主动的学习者。运用运动器械如梯子和轮胎，不仅增加了孩子们对运动的兴趣，还激发了他们的探究欲望。当我们放手让幼儿自主探索时，幼儿成为游戏的主导者，而我们作为教师则跟随孩子，不断地支持他们。我们发现，在放手之后，幼儿的游戏内容更加丰富和有趣。他们之间能够主动地交流和合作，独立地解决问题。

（观察教师：王思敏）

开放　自主　共生——幼儿园一日活动"嬗变"与"整合"

"篮"不住的快乐

【案例背景】

冬奥盛会上，运动员们在赛场上奋勇拼搏、团结进取，展现了奥林匹克精神，孩子们深刻体验到了奥林匹克运动精神。孩子们在幼儿园玩耍时，对户外活动中的篮球特别感兴趣。为了让孩子们体验篮球游戏，培养他们坚持不懈、勇于面对困难的意志品质，我们进行了为期一个月的篮球户外游戏探索。这次活动不仅增强了孩子们的体质，还培养了他们勇往直前、积极向上的拼搏精神和团队意识。

【故事实录】

案例一：篮球玩法探究

在"春奥会"项目活动探究中，我们班的孩子选择了篮球。因此，我们带着孩子们来到星球广场的拍球区进行户外活动。孩子们拿起篮球后就爱不释手，跟着老师薇薇一起做了热身活动。热身活动结束后，薇薇老师提出了一个要求："请小朋友们探索出最具创意的篮球玩法。"

接着，孩子们开始自由探索，充分发挥他们的想象力，尝试各种不同的拍球方法……

第三部分 主导 VS 共生：观察、反思、支架，有效推动学习的深度发生

图 1

阳阳小朋友刚开始就十分熟练地进行双手拍球、单手拍球和边走边拍球。他骄傲地告诉我："我之前参加过篮球班，认真学习了这些拍球方法！""那你还能想到其他更有创意的玩法吗？"我问道，阳阳陷入了沉思，继续进行探究。

图 2

在分享环节中，孩子们自信地展示他们所探索的玩法。阳阳小朋友展示了他的新玩法：双手交替拍球；伊伊小朋友展示了转圈拍球的玩法；祎祎和佑佑小朋友分享了他们的跨门拍球技巧，轩轩小朋友展示了双手拍球的技巧……

图 3

图 4

分享结束后,孩子们迫不及待地想要尝试这几位小朋友的创意玩法。选择跨门拍球玩法的小朋友最多。恒恒第一次尝试跨门没有成功,佑佑热心地走到恒恒面前,告诉他:"跨门的时候要抬高腿!"听完佑佑的建议,恒恒继续尝试,最终成功了!

案例二 篮球还可以和什么材料一起玩呢?

热身活动后,孩子们开始探索篮球和辅助材料结合的创意玩法。萱萱老师提出了要求:"请小朋友们选择自己喜欢的辅助材料,探索创意十足的篮球组合玩法。"

第三部分 主导 VS 共生：观察、反思、支架，有效推动学习的深度发生

图5

孩子们纷纷选择了自己喜欢的辅助材料，如呼啦圈、轮胎和路障。拿到相同材料的小朋友分为一组，开始了他们充满激情的探究。

路障组：孩子们一开始对路障摸不着头脑，只是把它们堆在一起拍了几下球后就站在原地了。我告诉他们："萱萱老师有个好主意，我们可以把路障分开摆放，像小蛇一样去拍球绕行！"于是，阳阳和旭旭小朋友立刻行动起来了。

呼啦圈组：我看到依依小朋友把篮球放进呼啦圈里，用呼啦圈拖着篮球走；朔朔小朋友把呼啦圈放在地上，跳进呼啦圈然后进行拍球；辉辉、函函和恒恒用呼啦圈搭建篮球架进行投篮游戏……孩子们玩得非常开心。

图6

图7

小组分享环节：路障组分享了绕障碍行进拍球的玩法；轮胎组分享了双人抛接球的玩法；呼啦圈组分享了呼啦圈带球和投球等创意玩法。

图8

图9

【分析】

在体育活动中，我们要培养幼儿坚强、勇敢、不怕困难的意志品质和

第三部分　主导 VS 共生：观察、反思、支架，有效推动学习的深度发生

主观、乐观、合作的态度。在活动中，我们看到孩子们能与同伴友好相处，活动时能与同伴分工合作，遇到困难时能一起克服。他们喜欢探究：尝试动手动脑探索篮球和其他游戏材料的互动，并能按照自己的想法进行游戏或其他活动。

在这个游戏过程中，我们还观察到了幼儿游戏图式的发展，比如：幼儿把材料从其他位置搬过来运用了搬运图式；转着圈拍球，运用了旋转图式；绕着路障拍球运用了轨迹图式等等。在案例一的游戏过程中，幼儿运用了旋转图式、定向图式和轨迹图式。在案例二的游戏过程中，幼儿运用了连接图式、包裹图式、搬运图式、轨迹图式、定向图式和定位图式。

【教师的思考和回应】

《幼儿园教育指导纲要（试行）》中指出，我们要用幼儿感兴趣的方式发展基本动作，提高动作的协调性和灵活性；要为幼儿的探究活动创造宽松的环境，让每个幼儿都有机会参与尝试，支持并鼓励他们大胆提出问题，发表不同意见，学会尊重别人的观点和经验。在进行篮球游戏活动时，所有的游戏都是由孩子们发现和发明的。幼儿创新的游戏可能创新性不强，这时就需要教师引导幼儿去理解、尊重和接纳他们的创新。但是教师也不能过多地参与，应给孩子适度的自由空间，通过与环境、材料、同伴以及教师的互动，在情感、态度、能力、知识和技能等方面得到自主发展。

每个孩子对篮球的掌握程度是不一样的。我们会根据幼儿不同的发展水平制定分层次的目标，设计和安排难度不一的活动，提供不同的指导和帮助，以使能力强的孩子进一步提高，使能力较弱的孩子在其原有基础上得到发展。在活动中，我们也做到了在言语和行为上照顾到每一个幼儿，多使用肯定和鼓励的语言与幼儿交流。对于那些活动能力较差的幼儿，我们在言语和情感上给予鼓励和支持，使每一个幼儿在游戏中都能获得成功的体验。

（观察教师：王梓萱）

开放　自主　共生——幼儿园一日活动"嬗变"与"整合"

有趣的滚筒游戏

【游戏背景】

2022年的冬奥会给星宝们留下了深刻的印象。在快乐星球发出"春奥会"邀请时，恒星五班的小朋友投票选出游戏材料——滚筒。在调查研究滚筒的钻、爬、跳、滚、站等多种玩法后，孩子们进行了一系列以滚筒为主材料，结合其他辅助材料的滚筒花样玩法。

【过程实录】

第一次活动：滚筒初体验——多次尝试稳稳站立

活动的第一天，雨荷想要在滚筒上站立，为了保证其安全，老师扶住了滚筒，紧紧抓住她的手来帮助她站起来。雨荷非常开心，在老师的帮助下能够在滚筒上站立并前行。然而，雨荷在前行时战战兢兢，不敢轻易移动步伐。一旦老师松开手，她就从滚筒上掉下来，始终没有独立站在滚筒上。

闫园长看到后对老师说："我们放开手，不要扶孩子，看看孩子们是否可以独立站起来。"在园长的提醒下，我放开了手，但一直站在雨荷的身边。在接下来的十分钟内，雨荷不断尝试在滚筒上站立，经过多次爬上爬下的练习，最终成功独立站在滚筒上，但只能坚持几秒钟，很容易就掉

第三部分　主导 VS 共生：观察、反思、支架，有效推动学习的深度发生

下来。

在户外活动即将结束时，她终于能够在滚筒上稳定站立并前行大约1米左右。

图1

游戏结束后的回顾环节，老师让小朋友分享他们玩滚筒的体验。

老师问："今天游戏时你们体验了滚筒的哪些玩法？"

幼儿回答了推、滚、钻、爬、站立等不同的玩法。

雨荷说道："我挑战了在滚筒上站立。"

老师问："你是怎样稳稳站上去的？"

雨荷和其他孩子分享了她在滚筒上站立的秘诀：第一步是用两只手按在滚筒上，第二步是一只脚踩在滚筒上，第三步是另一只脚跟着上去。

老师说道："滚筒还有哪些创新的玩法呢？回家后我们可以查一下，明天和大家分享。"

幼儿们对于滚筒的玩法产生了浓厚的兴趣。

【教师的思考】

在教师放手之后，我们注意到孩子们更加自主和有创造性地进行游戏探索。这使我深刻认识到，作为一名幼儿教师，我们应该始终以幼儿为中心，以幼儿的发展为导向。我们要给予他们足够的时间和空间去探索，并且相信他们的能力。虽然我们仍然要确保孩子们的安全，但不应该过多担忧。

放手之后，他们可以更自主、更有效地探索，并且能够总结出自己的方法，同时引导其他孩子尝试。这是孩子们的智慧。

第二次活动：滚筒初探究——两人拉手交换位置

雨荷和诗雨决定挑战"在滚筒上交换位置"的游戏。

第一次尝试：交换位置失败

两人试图将滚筒向同一方向滚动，但当诗雨准备跨到杨雨荷的滚筒上时，两人都失去了平衡并掉了下来。

图 2

雨荷问道："李老师，我们怎么才能不掉下来呢？"

李老师问道："你们回忆一下，视频中的其他小朋友是怎么做的？"

诗雨跳起来回答："我知道，我知道，他们是把滚筒的速度放慢，然后将两个滚筒靠近对齐。"

李老师问道："那当他们交换位置时又是怎么做的？"

雨荷思考了一下，笑着回答："他们拉住手，先让一个人过去，再让另一个人过去。"

李老师鼓励道："你们可以再尝试一次，我会给你们加油哦！"

第二次尝试：放慢速度，两人掉落

两人先拉住双手，放慢滚筒的速度，轻轻碰到一起，雨荷先走到诗雨的滚筒上，然后两人一起掉落下来。

雨荷想了一下，走过去对诗雨说："我们下次再慢一点，这次你先过

第三部分 主导 VS 共生:观察、反思、支架,有效推动学习的深度发生

来我的那边,我们再试一下。"

图 3

第三次尝试:商讨对策,成功交换位置

两人将滚筒的速度降低,滚筒碰到一起后拉住手,诗雨先走到雨荷的滚筒上,然后雨荷再跨立到对面的滚筒上,实现了位置的交换,两人随后在各自的滚筒上背向行走了 1 米多。

图 4

游戏结束后的回顾环节:

老师:"在今天的户外游戏中,你们发现了什么创新的滚筒玩法?遇到了哪些困难或挑战呢?"

雨荷回答:"今天我和诗雨挑战了在滚筒上交换位置,我们尝试了三次才成功。玩这个游戏时,要注意速度放慢一点,滚筒碰到一起后两个人要手拉手,一个人先过去,然后另一个人再跨过去。"

· 247 ·

【教师的思考】

通过观察，我注意到幼儿在游戏中展现了搬运、连接、定向等多种图式的能力。在挑战上滚筒交换位置的游戏过程中，他们面临了许多问题。当他们向老师寻求帮助时，老师通过提问引发他们思考，幼儿自己的努力和反复尝试来解决问题，并最终获得成功。作为教师，我们应该结合幼儿的兴趣点，为他们提供更多自主探究的机会，创造出思考、创造、沟通和合作的空间，以激发幼儿持续探究和学习的动力。

第三次活动：滚筒再探究——两人不拉手交换位置

雨荷和诗雨决定挑战在滚筒上不拉手交换位置的游戏。经过三次尝试，两人成功地完成了交换。

图5

【教师的思考】

幼儿是天生的探究者，他们在游戏过程中会发现问题，并通过不断尝试来解决问题。正是这种自发的探索，使得游戏变得更加深入和具有挑战性。

第三部分 主导VS共生：观察、反思、支架，有效推动学习的深度发生

第四次活动：滚筒花样玩——两人手拉手向前走

在晨圈活动中，幼儿讨论了班级滚筒挑战不可能的五个游戏。在分组活动中，雨荷和诗雨尝试挑战了一个游戏，即两人手拉手向前走。在游戏过程中，由于滚筒的摇晃，诗雨差点摔倒，但幸好雨荷及时拉住了她的手，减缓了自己的速度。经过多次尝试，两人能够稳步前行，成功地完成了任务。她们的脸上洋溢着成功的喜悦之情。

图6

【教师的思考】

在幼儿游戏中，教师应该有明确的任务导向，提高游戏任务的难度，以促进幼儿对游戏多种玩法的深入探究。

【分析】

一、对幼儿行为的图式解读。

1.轨迹图式——雨荷不断爬上爬下滚筒，尝试站立在滚筒上；

2.搬运图式——雨荷和诗雨将滚筒从地道旁边移动到操场中央；

3.连接图式——雨荷和诗雨通过手拉手交换位置，将两个滚筒连接在一起；

4.定向图式——雨荷和诗雨站立在滚筒上进行交换游戏。

· 249 ·

二、与《3-6岁儿童学习与发展指南》对照，案例中展现了多种幼儿能力的发展。

1. 运动技能的提升：雨荷和诗雨通过控制身体的平衡能够稳稳站立在滚筒上，并通过身体的协调和力量维稳或前进；

2. 社会领域的发展：本案例中，雨荷和诗雨自主选择并自由组队进行滚筒游戏，通过交流来共同解决问题，他们获得了自信和成就感；

3. 语言能力的提升：雨荷和诗雨在游戏中能够用语言表达自己的想法，并能够与伙伴进行有效沟通；

4. 总结归纳能力的增强：在游戏回顾环节中，雨荷能够简洁准确地总结出自己成功站立在滚筒上的步骤。

三、教师的支架。

第一次活动：滚筒初体验时，教师大胆地放手，给予雨荷足够的时间来探索如何能够站立在滚筒上；

第二次活动：滚筒初探究时，雨荷和诗雨遇到困难时寻求了老师的帮助。老师通过提问引导语，如"你们回想一下，视频中的其他小朋友是怎么做到的？""那当他们交换位置时是怎么做的？"来启发幼儿进行自主思考和探究；

第三次活动：滚筒再探究时，教师给予幼儿充分的时间和空间进行游戏；

第四次活动：滚筒花样玩时，教师提出任务导向，提升幼儿的游戏任务难度，使孩子的游戏挑战目标和方向更加明确。

【教师的思考和回应】

《3-6岁儿童学习与发展指南》提出，幼儿的学习是以直接经验为基础，在游戏和日常生活中进行的。我们应该珍视游戏和生活的独特价值，创设丰富的教育环境，最大限度地支持和满足幼儿通过直接感知、实际操作和亲身体验获得经验的需求。

第三部分　主导 VS 共生：观察、反思、支架，有效推动学习的深度发生

在游戏过程中，我们尽量将游戏的时间、空间和材料交给幼儿自主决定和安排。幼儿在游戏中选择玩什么、如何玩、使用什么材料等都能够由他们自己决策。幼儿持续探究、大胆创新、分析问题和解决问题的能力让我们深感惊叹。游戏中不断出现的连接、旋转、定向、轨迹等图式形成了图式群，这验证了《认识婴幼儿的游戏图式》一书中所说的，幼儿的图式行为通常在自主游戏时才会不断产生新的经验。

我们努力做到了解幼儿、发现图式，并通过图式了解孩子的需求，使我们能够与幼儿的思维同步。通过围绕当前兴趣点，以最大程度地退后、最小程度地介入，及时支持幼儿拓展新的经验，让他们在探索中体验乐趣。

通过案例故事，我更新了自己的教育观和儿童观。幼儿比我们想象中具备更多的学习能力，我们要相信幼儿是天生的学习者，他们拥有无限的潜能和自主探究的能力。作为教师，我们需要学会放手，追随幼儿的步伐，仔细观察每个孩子的闪光点，最大程度地支持幼儿的探究行为，成就幼儿的成长。

（观察教师：李扬）

一群人一个球可以怎么玩？

【游戏背景】

2022年立春，举世瞩目的北京冬奥会如期举行，孩子们也有幸观看了冬奥会盛况，了解了许多关于冬奥会的知识，更是对吉祥物冰墩墩与雪容融钟爱有加。

立春之后，临近雨水节气，为了让孩子们进一步深入了解冬奥会，并以奥运精神激发他们的爱国之心，感受祖国的强大，增强自信，快乐星球策划了一场名为"春奥会"的活动。希望孩子们在新学期中充满斗志，以奥运会的拼搏精神，热情洋溢地迈向未来！

经过与孩子们商讨，决定开展"探秘篮球"项目课程。通过探索篮球的玩法，让每个幼儿了解篮球的特点，学习基本的拍球技能，并在游戏中探究材料与材料的组合碰撞，创新出多样的篮球玩法。这不仅增加了运动的趣味性，也促进了幼儿身体素质的发展，提高了幼儿自主探究的能力，同时在游戏的过程中培养了幼儿解决问题的能力。

【活动实录】

在户外游戏时间分组探究之后，男生组的小朋友们开始组队创新游戏，然而在5分钟后，游戏的创新度逐渐降低。

第三部分　主导 VS 共生：观察、反思、支架，有效推动学习的深度发生

图 1

这时，我走过去把男生组的孩子们组织到一起，并让他们自己选择小组长和记录员。小益成了小组长，小远担任了记录员。接着，我向他们提出了一个新的要求："如果所有的男生组成一个小组，老师给你们一个篮球，快动脑筋好好想想你们可以创新出几种好玩的游戏？"

小益迅速做出反应："我们可以玩'丢手绢'的游戏，需要我们围成一个圈。"说完，他拉起其他男生围成一个圈坐下，游戏随即开始。游戏的玩法没有改变，每个人都清楚游戏规则，享受着游戏的乐趣。

图 2

我接着说道："'丢手绢'的游戏非常棒，你们已经创新了一种玩法，还有其他的创新玩法吗？"

幼儿们迟疑了很久。

老师说："小朋友们排成一排试一试，有没有好玩的想法？"

· 253 ·

图 3

小哲说:"我知道了,我们可以坐下来,把球从前往后传,然后再传回来。"他让男生组的小朋友们依次坐下,抱着球来回走动,并用手指向大家示意:"就是从前传到后,再从后传到前。"他把球交给了第一个玩家小凯,并指挥大家开始传球游戏。大家兴奋地开始了游戏。

两轮过后,小凯和小凡逐渐失去了耐心,有些分心。这时,我提出了一个新问题:"如果大家站起来排成一长排,有什么有趣的玩法呢?"

小凯说:"老师,我想到了,我们可以把腿分开,变成一个隧道,让球从我们中间滚过去。"大家学着小凯的样子纷纷将腿分开,组成了一个人字形的通道。

图 4

第一次尝试:

小凯拿着球,弯下身子,双手将球从自己的腿间往后滚动,1、2、3……球在第6个小朋友小彤的腿边卡住了。当球滚过来的时候,小彤分心地看向了别处。

第三部分　主导 VS 共生：观察、反思、支架，有效推动学习的深度发生

图 5

第二次尝试：

小凯发球后没有立刻起身，而是弯着身子观察球的进度。当球穿过第四个人的时候，又一次卡住了。孩子们说："又卡住了！"

小凯走到小华面前说："你要和我对齐。"

老师问："怎样才能让球顺利地穿过你们的隧道呢？"

小凯回答："他们都要和我保持对齐。"

小哲抱着球，尝试让球从自己的腿间滚过，并说："只要每个人（双脚间距离）都这么宽，球就可以顺利通过。"

老师说："那你们再试一次。"

小凯抱着球，从前往后挨个检查："你的腿再分开一些，往这边靠一点。"调整好后，他弯下身子看了一下隧道说："刚刚好！"

第三次尝试：

小凯发球后，所有的孩子都集中注意力，注视着球的动态。结果球滚到了第七个人小益面前，停住了。小益用手向后拨了一下，球才顺利通过。

图 6

老师问："为什么球会停下来？"

· 255 ·

小迪回答:"它没力气了。"

老师继续问:"如何才能让球一次就顺利通过隧道呢?"

小哲说:"我们可以用力一些。"

老师说:"试试看能不能成功。"

第四次尝试:

球顺利地通过了孩子们组成的隧道。小组长小哲给每个小朋友都点了个赞。

图7

小远作为记录员也用画笔记录下了同伴们的游戏。

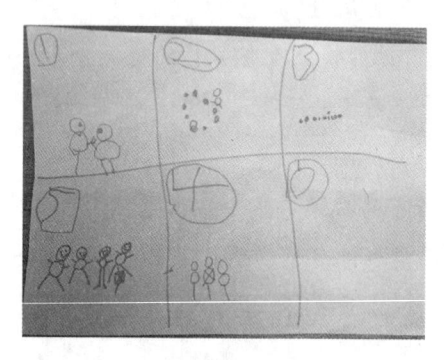

图8

【分析】

游戏中,我们看到男生组的游戏呈现出连接、围合、轨迹的图式。他们在探索如何让球穿过自己连接起来的"隧道"?球为什么会卡住?球为什么停留在通道中间不动了?怎样才能让球顺利通过呢?他们沉浸在探索

第三部分　主导VS共生：观察、反思、支架，有效推动学习的深度发生

中，伴随着他们不断的探索，他们的感受越来越丰富，经验也变得更加充实。"通道的宽度要比球的直径大；通道要笔直而不能弯曲；推球的力要更大一些球才能滚动得更远。"通过游戏，培养了孩子们的合作能力，让他们明白只有齐心协力才能成功完成任务，并获得了与独自玩游戏不同的丰富体验。

游戏中幼儿善于发现问题，敢于提出猜想，并且愿意通过行动去验证问题，取得结果。幼儿在游戏中通过探索感知到了体积与空间、速度与距离等的关系，并积累了经验。

【教师的思考和回应】

放手游戏并非是漫无目的的放任游戏，它需要教师耐心观察儿童的行为，认真倾听儿童的声音，深入分析儿童行为所蕴含的发展意义。

1.放手后的游戏让我看到了许多前所未有的惊喜！分组后，我放手让孩子们自由进行创新玩法时，由于没有给出具体的任务，只是简单地告诉他们可以自由组合，并且人数和球数都不限制。经过5分钟，我发现孩子们能够创造出一些简单的游戏，但游戏水平并不高。重新审视后，我决定将孩子们重新组合在一起，并提出了一个任务："一群人、一个球，能做些什么样的游戏？"孩子们接到任务后，目标变得明确，游戏水平明显提升，他们开始探究发球的力度与球行进距离的关系。在游戏中，我也能够看到孩子们的语言表达和沟通能力得到提升，促使他们更好地合作。

2.当我们放手后，教师对幼儿游戏的支持就显得尤为重要。它可以让教师敏锐地捕捉到孩子们游戏发展的需求，从而为他们提供适宜的支持。在活动中，我给予孩子们最重要的一个支架就是"用驱动任务去促使幼儿游戏的深度持续进行"。在整个游戏过程中，我共提出了四个关键的任务驱动问题，促进幼儿进行高水平的游戏：一群人一个球可以怎么玩？——范围；如果所有人排成一排可以怎么玩？/ 如果所有人站起来可以怎么玩？——形式；如何能够让球一次就成功通过隧道？——深度。

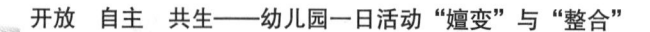

通过给孩子们提供一些开放性的问题,以问题激发幼儿的探索兴趣。我们发现,在游戏中,幼儿的探索性更持久,他们的游戏更自由,学习更有深度。同时,我们也能感受到他们的思维是开放且有温度的,虽然有些想法很简单,但也生动而鲜活。因此,作为教师,我们要在教育现场停下脚步,用心审视教育,给孩子们提供一个充满爱、安全、稳定的空间,让每个孩子都可以充分发展,充满无限可能。

(观察教师:郝亚茹)

第三部分　主导 VS 共生：观察、反思、支架，有效推动学习的深度发生

区域游戏

我的新发现

【故事实录】

早上来园，小恒刚进活动室，准备搬小椅子的时候，路过我突然转过头说："老师，我闻到了你身上香水的味道，特别好闻，还有你今天穿的衣服好漂亮哦。"

我："是吗？谢谢你的夸奖哦。你是一个感觉很敏锐的宝贝哦。"

他听后很得意地走进玩具区游戏。他用了不同形状的玩具进行了拼搭，先拼了一根长长的玩具，在玩具的顶端又拼了一个长方形的头，中间由于用力过猛，玩具断了一次，只见他不慌不忙地拿起断了的玩具继续拼接起来，尝试了三次，终于将其再一次拼好。他兴奋地将小手伸出来对我挥了挥，说："嗨，小柴老师，你看，这是一把宝剑，打怪兽的，这是我拼装的，可厉害了！"

我："看起来好厉害的样子，你是怎样拼成的？"

小恒："我用很多长方形的拼插积木和圆形的拼插积木拼起来的。"

我："你是在哪里看到过这种宝剑的？"

小恒："奥特曼里有双龙箭，金之奥特曼和神龙奥特曼，他们两个特别厉害，他们的宝剑也很厉害。"他激动地说着，很得意地向旁边的小朋

·259·

友介绍着自己拼插好的宝剑。

【分析】

从案例中，我们可以发现，作为小班的孩子，小恒的观察能力与分析能力较强，能够很快发现并根据看到的事物进行思维判定；他的专注度和耐心度也较高，在拼搭的过程中，虽然玩具断裂了，但他还是很认真地连接起来，表现出耐心，拼搭技能也比较好；从他的分享中我们也可以看出，他能够主动与别人分享自己的情绪与体验，手部小肌肉动作发展良好，思维、想象和生活经验都很丰富，而且能迁移到游戏中。

【教师的思考】

幼儿的语言能力是在交流和运用的过程中发展起来的。幼儿通过语言可以增加对周围世界的了解，关注他所感兴趣的事。作为教师，我们为幼儿创设温暖、平等的生活氛围，让幼儿敢于与教师交往，在积极健康的人际关系中获得安全感、信任感以及归属感。在玩拼插游戏时，孩子摆弄、摸索、尝试等感受愉悦，并发现惊喜。在动手操作中相互交流，并在交流的过程中讲述自己的作品，教师给予幼儿精彩的回应，鼓励孩子思考和探索。

1. 发现孩子的闪光点，看到孩子的成长变化；
2. 继续跟踪，多观察孩子，鼓励孩子大胆表达自己的想法；
3. 将孩子已有的知识经验运用到每个活动中；
4. 在孩子搭建的过程中，适时地给予指导，充分发挥幼儿的想象力。

（观察教师：柴林霞）

第三部分　主导 VS 共生：观察、反思、支架，有效推动学习的深度发生

棋王争霸　谁与争锋

【过程实录】

"我要吃你的子！"

"我倒要看看你有多厉害！"

"哼！"

当我循声赶来的时候，看到如此一幕，感到又气又好笑。

师：发生了什么事呢？

硕硕和聪聪依然在认真下棋，并没有听到我的声音。坐在旁边观战的昊洋说："他们在赌气。"

师："为什么呢？发生了什么事？"

聪聪："我就不信你能赢得了我！"

硕硕："那你就不要信！"

说着，便又吃掉了聪聪两颗棋子。这个时候我看到聪聪开始皱眉了，没过一会儿，便红了眼眶，但他依然没有放弃，继续下棋。

过了一会儿，硕硕又吃掉了聪聪两颗棋子。聪聪这才忍不住哭了出来……

我抱着聪聪安慰说："没事，没事。"

还没等我说下一句话的时候，聪聪便说："我才只上了两节课而已。"

我连忙说:"是呢,是呢,聪聪已经很厉害了。硕硕小朋友很早就开始学习下围棋了,所以你觉得他很厉害。等聪聪再学几节课,也会变得和他一样厉害的!"

等聪聪心情平复之后,我试着问他:"那你还敢和硕硕下围棋吗?"

聪聪:"让我再试一试吧。"

说着,两个人便开启了新一轮的比赛……

【分析】

硕硕小朋友很早就开始学下围棋,而且经常去参加各种比赛。而聪聪小朋友刚上了两节围棋课。当我听到他们争吵的声音时,我已经能大概猜到他们为什么在争吵。两个孩子都比较有好胜心,而且由于硕硕学下围棋时间比较长,他难免会有很强的自豪感,经常会说"我是几级围棋手"之类的话。

当我走到跟前时,并没有去制止他们,而是耐心等待接下来会发生什么。

【教师和思考和回应】

《3-6岁儿童学习与发展指南》指出,要重视幼儿的学习品质,包括认真专注、解决问题等。围棋实际上是一种很好的抗挫折教育方式,从赢棋的喜悦到输棋的失落,孩子的心情一直随着比赛的输赢而起伏。在区域游戏中,围棋培养了幼儿独立解决问题的能力,提高了洞察力、专注力和逻辑判断能力等。而且通过两人对弈,锻炼幼儿的毅力,提高耐挫力,从而加强心理素质。

1.教师放手给予孩子成长的空间。区域游戏能够赋予幼儿极大的自由度,幼儿能够按照自己的意愿,独立自主进行活动,选择即代表意愿。因此,教师不应过多干涉,只需默默观察、适时介入即可。

第三部分 主导 VS 共生：观察、反思、支架，有效推动学习的深度发生

2.用理解的眼光看待幼儿的发展和成长。幼儿的成长并不是一蹴而就，也不是永远墨守成规。他们是活在自己世界的人，他们的学习意识、理解意识还很薄弱，需要我们教师给予不断的支持和鼓励。

（观察教师：杨蓓）

快乐星球高铁站

【故事实录】

在建筑游戏"快乐星球高铁站"中，孩子们尝试着搭建进站口、出站口、候车厅和各种高铁。今天，小伯和森森选择了建筑区，他们来到建构区先做好了计划，然后开始行动起来。

小伯搭建的候车厅的侧边有一个楼梯，这个楼梯和二楼的候车厅有一段距离。我正在疑惑这楼梯怎么没有和二楼连上呢？看了一会儿，才明白他想要把楼梯搭建到三楼。小伯继续进行搭建，但想让楼梯搭到三层楼的高度是相当有难度的。在搭到第二层时，随着楼梯的高度不断增加，楼梯和楼体的接近、搭建的重心偏移、没有支撑的积木，上面的楼梯就倒了。

但是小伯并没有放弃，而是继续尝试搭建。这时他发现自己要想同时搭建楼梯、楼梯扶手和楼梯支柱是困难的，于是对边上的森森说："森森，帮我一下好吗？"森森说："好，我来帮你。"森森给小伯扶着楼梯支柱，小伯搭上面。但是随着楼梯的搭高又出现了问题：没有合适高度的积木支撑了。在楼梯快连到三楼时，上面的楼梯又倒塌了。

小伯发现了问题的原因，对森森说："没关系，我有办法。"小伯和森森选择了一些小一点的积木和不同长度的积木来代替。他们还不断尝试比量、更换和调整积木的大小，但由于积木不稳定，上面的楼梯再次倒塌。

第三部分 主导 VS 共生：观察、反思、支架，有效推动学习的深度发生

但他们还是一直在不停地尝试和调整。小伯还一边搭建一边对森森说："这次我们一定能成功。"在活动区游戏结束时，小伯和森森终于将楼梯搭建到了三楼，获得了成功。

【分析】

1. 小伯是一个爱思考、做事认真的小朋友。在搭建楼梯的过程中，楼梯一共倒塌了三次。面对一次又一次的倒塌，小伯并没有放弃，而是继续重新搭建，并且能观察分析楼梯倒塌的原因，积极想办法解决问题，在活动中提高发现问题和解决问题的能力。

2. 当小伯发现要同时搭建楼梯、楼梯扶手和楼梯支柱很困难时，他对边上的森森说："森森，帮我一下好吗？"让森森感受到自己被需要，欣然接受了小伯的邀请。通过小伯的求助和与同伴合作搭建的行为，我们可以判断出幼儿具备能够与同伴分工合作、一起克服困难的良好行为倾向。

3. 当楼梯再次倒塌时，小伯还能用语言鼓励同伴说："没关系，我有办法。"行动上反复尝试，情绪上始终积极挑战，以及表现出的积极主动、认真专注、不怕困难、敢于探索和尝试等学习品质，促成了楼梯搭建成功。在活动中，发展了孩子认真专注、不怕困难的学习品质。

4. 当小伯发现没有合适长度的积木支撑时，他和森森选择了一些小一点的积木和不同长度的积木来代替。通过孩子的语言和行动，我们可以解读到幼儿具有一定的学习方法，能够不断地调整和更换积木的大小，大胆尝试探索，发展了"敢于探究和尝试"的良好学习品质。

【教师的思考】

《3-6岁儿童学习与发展指南》中指出："幼儿自己的事情尽量放手让他自己做，即使做得不够好，也应鼓励并给予一定的指导，让他在做事中树立自尊和自信。鼓励幼儿尝试有一定难度的任务，让他感受经过努力获得成就感。"所以在本案例中，我抓住了教育契机，给予孩子以下支持

和指导：

1.营造宽松的游戏氛围：活动中，我充当的是观察者的角色，在幼儿出现问题时也不急于"帮助"。这样不会妨碍孩子的游戏，更重要的是给孩子充分的时间和空间进行自主游戏和自发学习。营造宽松的游戏氛围，让孩子轻松、自由、快乐地游戏，这是孩子发展成长和老师观察解读的前提。

2.重视游戏的评价环节：在游戏结束后的评价活动中，请孩子讲述搭建楼梯的过程，分享他们的搭建经验。在这个过程中，我和幼儿一起发现问题、提出问题、解决问题，从而提升幼儿的经验，丰富幼儿学习和游戏的方法。这次活动中涉及的内容主要是"搭建方法""交往方法"和"解决问题的方法"。当幼儿有了经验，知道如何应对问题时，就不会感到迷茫，内心会更加从容。这对于培养积极主动、不怕困难、敢于探究和尝试等学习品质非常重要和有帮助。

3.提出新的挑战，进一步推进游戏难度：引导孩子在日常生活中更加仔细地观察楼梯，例如了解除了外挂式之外还有什么样的楼梯。激发幼儿对进一步搭建的兴趣和目标，使他们能够应对更具挑战性的楼梯搭建任务。

（观察教师：苏晓晶）

第三部分　主导 VS 共生：观察、反思、支架，有效推动学习的深度发生

讲解员小九的工作

【过程实录】

早上8：40，小九和妈妈准时来到彩虹馆，帮助老师整理好实验材料。9：10开始迎接第一位小客人（小班）。小九把小客人带到操作台坐下，开始一连串讲解。

第一次：

小九："小妹妹，你先在纸上画不同的色块，再把纸放入水中观察，最后把纸晾干就好了。"一分钟不到，小九讲完了。

小妹妹和妈妈没听清楚，又在咨询小九的妈妈。客人走后，小九和妈妈商量了一下。

第二次：

第二位小客人到了，小九和小客人一起拿出纸和笔，边说边画："看，和姐姐学这样画，小心一点，轻轻画，要不然纸会烂的。"两人同步进行，画好色块后，她又带客人去水区进行实验观察："先把纸慢慢放进水中，手不能松开纸。"边说边示范，第二位小客人的彩虹纸完成得很好。

第三次：

陆续进来七八位小客人，小九开始忙碌。正在陪一个小客人进行实验时，后面来的客人又在问她："姐姐，彩虹纸怎么做？"小九很着急，一

个一个挨着说，真的是忙不过来。体验彩虹纸的小客人越来越多了，询问声、讲解声、说话声，彩虹馆里好热闹。小九跑过去请老师帮助。沟通后，小九和妈妈两人分工：小九指导画彩虹纸一桌，妈妈负责实验操作一桌。小九又是讲解，又是画图，忙不停。小九认真、耐心地招待每一位客人。

一段时间后，她改变了方法：她手中拿着一张画好的用来示范的彩虹色块纸，每次进来的小客人一看便明了，再让他们画好后去实验区体验观察，小九的工作变轻松了！

图1　　　　　图2

【分析】

小九第一次体验讲解员的工作，活动中她积极主动地投入自己的工作中，在短短的三次讲解过程中便遇到了不同的情况：小班弟弟妹妹年龄小听不懂；客人少的时候可以边示范边讲解、客人多了不能同时给大家一起边画边讲解……在第一位小客人时便遇到了难题：给小班的妹妹讲老师教的彩虹纸过程，妹妹听不懂。于是，她与妈妈商量怎样讲解更清楚，能让小妹妹听明白；在第二位客人时小九调整了新方法：边示范边讲解，成功了；第三次客人多了，大家进馆的时间不一样，不能让大家统一时间，同时开始边讲解边画，问题又一次难住了小九。在老师的帮助下，这一次她和妈妈进行了分工，这样游戏起来就有序多了，小客人们也很清晰游戏的玩法了。

第三部分　主导 VS 共生：观察、反思、支架，有效推动学习的深度发生

【教师的思考】

在妈妈的帮助下，小九用一对一边画边讲解的方法克服了难题。但在客人多的情况下，这种一对一的讲解不能用了，妈妈这时也在忙碌地工作。她寻找老师求助：老师把第二种边讲边画的方法稍做调整，一手一张样品：一张画好的彩虹色块、一张做好的彩虹纸，边讲解边让大家看手中的样品。小九很快就用这个方法接待了多位客人，轻松自在，不用很忙碌：又是讲解，又是画画，彩虹馆里秩序井然，小客人专心体验，小九的讲解工作轻松有效。

（观察教师：肖娜）

叮咚，你有一份快递请查收！

【游戏背景】

《幼儿园教育指导纲要（试行）》指出，幼儿园的教育要"以游戏为基本活动，寓教育于各项活动之中"。从某种意义上说，幼儿的各种能力是在游戏中获得的。

9月开学季，又到了环创的时刻，幼儿园门口的快递陆续到达，忙碌的老师们没有时间取快递。孩子们每天来园路过，都会产生很多疑问："怎么会有这么多快递？这个是哪个老师的快递？"保安叔叔既要看门，又得为老师送快递，太辛苦了。那我们可不可以帮助保安叔叔给老师送快递呢？这成了孩子们讨论的热点话题。园长了解到孩子们的爱心意愿后，第一时间在二楼成立了"时空邮局"，为孩子提供了游戏的场地。

图1

第三部分　主导 VS 共生：观察、反思、支架，有效推动学习的深度发生

【活动实录】

时空邮局的成立，慕名而来的幼儿们都来应聘小小邮递员。

邮递员们穿上工作服，对着镜子整理着装，戴上工作牌，上岗了。

图 2　　　　　　图 3　　　　　　图 4

邮递员的任务是什么呢？

昊昊："我们可以帮助保安叔叔送快递。"

左左："邮局就是送信的。"

溪溪："邮递员也可以送报纸。"

在邮递员们的商议下，他们决定先做好第一份工作，送快递。

幼儿园的快递在哪里呢？

小渊："我知道，幼儿园的快递都放在接待室门口，我们一起去吧！"

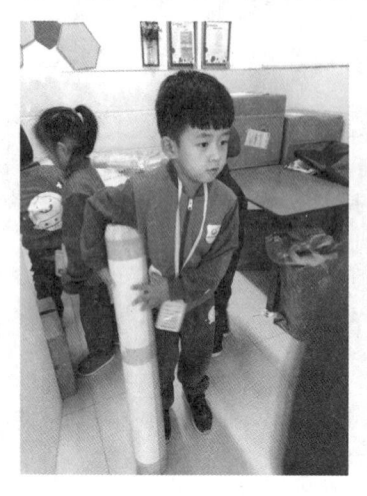

图5　　　　　　　　图6

孩子们不怕苦累，努力地完成运输任务。

这个快递太大怎么办？

小渊："我有办法，我们一起来搬运！"

图7　　　　　　　　图8

快递到站了，要进行登记，并分拣放入快递柜。

第三部分　主导 VS 共生：观察、反思、支架，有效推动学习的深度发生

图9

图10

快递是谁的？包裹要送到哪里去？

皓皓："快递上都有张白纸，是快递单。"

小渊："我发现上面有数字，是电话号码。135……"

昊昊："上面还有个【收件人】，但是我不认识。老师，这是谁的名字？"

问清老师具体信息后，他们开始登记工作。

图11　　　　　图12 　　　　　图13

·273·

收件人苏老师在哪里呢？

小渊："这里有电话，我们可以打电话问一下。"

图14　　　　图15

恒星四班在哪里呢？

奔走询问，获得信息：苏老师在恒星四班。

图16　　　　图17

看班牌，这是恒星三班，前面就是恒星四班了。

皓皓："我们可以画地图。财务室，我们可以画钱来表示。"

图18　　　　图19

第三部分　主导 VS 共生：观察、反思、支架，有效推动学习的深度发生

"当当当，您好！请问是苏老师吗？这里有您的快递，请签收！"

图 20　　　　　　图 21

图 22

"请对我的服务做出评价，满意请点亮 5 颗星☆☆☆☆☆。"
今天你有什么收获？
昊昊："我今天得了 5 颗星，苏老师说我送达速度快，特别准时。"
小熙："裴鸽老师说我把包裹保护得比较完整，给了我 5 颗星。"

开放　自主　共生——幼儿园一日活动"嬗变"与"整合"

图23

时空邮局的业务还在不断扩大，只为更好地为四幼的星宝及老师提供便捷的服务，让我们一同期待吧！

【分析】

时空邮局功能馆角色游戏，发起者是孩子。孩子们通过观察发现生活中存在的问题，并以问题为导向深入开展探究活动。游戏来源于生活，游戏来源于孩子。

在游戏活动中，孩子们非常享受自己的角色，并对角色的认识清晰明确。在送快递的过程中，孩子们遇到了很多问题。在出现问题后积极动脑思考找到解决办法，比如快递太大了怎么办？于是有了合作行动。恒星四班在哪里呢？孩子们还想到了用符号记录地点的法子。

快递游戏对于孩子们来说，是一个有趣的体验；对于老师来说，这是关注孩子当前生活经验，把握孩子能力发展，有目的、有期待、有预设"投放"的一个内容。包括寻找不同班级的地理位置、与不同的老师进行交流沟通、合作搬运快递、填写快递单、认识简单的符号标记等等。在这个游戏中，合作、交往、方位认知、问题解决、运动等各方面的能力得到全面发展。

【教师的思考和回应】

社会角色扮演游戏在幼儿的生活中占有重要地位，是提高幼儿社会交往能力、促进幼儿社会性发展的重要手段。有效的游戏指导策略对游戏的

第三部分 主导 VS 共生：观察、反思、支架，有效推动学习的深度发生

顺利开展具有重要意义。

通过不断反思、总结经验，下一步将会通过提出关键性问题（如：时空邮局还可以增加哪些业务？）鼓励幼儿思考，进一步推进游戏的创新发展，帮助幼儿体验童年的快乐。

（观察教师：郝亚茹）

家长篇

走进家长，让心的距离更近

老师与家长的最佳关系是合作关系。孩子的教育离不开家长的悉心照料，也离不开老师的殷切教导，因为我们对孩子的爱是一样的。在教育路上，家长与老师的相逢本就是一场爱与信任的邂逅。本学期，我们班制订了温暖一公里的计划——走进家长，让心的距离更近，旨在改善家园关系。

【谈话主题】

妙妙是我们班的一位小女生，乖巧可爱，但是胆子小，不善于表达自己，这段时间在班里看起来闷闷不乐。这一次，我们的约谈活动请来了妙妙的妈妈。

第三部分　主导 VS 共生：观察、反思、支架，有效推动学习的深度发生

【谈话实录节选】

图1　　　　　　　　　　　图2

师："妙妙妈妈，Happy 环游记的时候，我们在班里举行了竞选小导游的活动，很多小朋友积极地想试一试，这期间我试着让妙妙也走到我跟前来说一说，但是她有点害羞，在我的鼓励下才勉强说出了一句。不知道宝贝在家时这方面表现得怎么样？"

妙妙妈妈："妙妙比较内向，也不喜欢在大家面前展示，在我们家里还稍微好点，在外面就不怎么说了，这方面做得不太好。"

师："那我们可以共同商量对策，帮助宝贝在语言表达这方面提高。"

妙妙妈妈："好，非常感谢老师，我也很希望妙妙在这方面有所发展。"

【教育策略】

《幼儿园教育指导纲要（试行）》中提出，教师"应以关怀、接纳、尊重的态度与幼儿交往，耐心倾听，努力理解幼儿的想法与感受；关注幼儿在活动中的表现和反应，敏感地察觉他们的需要，及时以恰当的方式应答，形成合作探索式的师生互动。"纲要着重提出了教师应对幼儿尊重、理解、体验、感悟幼儿行为的要求。

1.在幼儿园，老师会更多地关注妙妙，给予孩子大胆说话的机会，寻找优点，帮助孩子建立自信，及时给予孩子拥抱或者肯定的眼神；同时加

强家园联系，及时交流，适时进行引导。

2. 在家里，我们希望家长能创造条件，多鼓励孩子参加一些活动，增强自信；孩子进步时，及时肯定，给予孩子积极的心理暗示；适时放手，让孩子自由玩耍，耐心对待妙妙；及时向老师反馈关于妙妙在家的情况。

在和妙妙妈妈深度交流之后，发现妙妙需要多鼓励和引导。这个学期一有机会，我就让妙妙多表达，哪怕进步一点点也及时鼓励。有一天早上孩子们来到幼儿园之后，妙妙跑到我身边，对我说："萌萌老师，我想要小燕子那个水杯，但是我妈妈不知道是什么样子的，你可以拍照发给妈妈吗？"妙妙说完这些话时，我有些惊奇。后来，在和妙妙妈妈的交流中，我发现妙妙的表达非常准确，也很清晰。我不禁为宝贝的成长感到高兴，妙妙的语言表达能力正在逐步提高。

这个学期轮到我们班升旗的时候，我在班级里组织了一次小指挥的竞选。班里很多孩子都积极地参与，我看见妙妙坐在位置上，我给了妙妙一个眼神示意，她依然没有举手。在其他孩子竞选完之后，我走到妙妙跟前，问她："宝贝，你愿意也来试一试吗？"她只是看了看我，没有说话。我说："没关系，老师相信你。"这时候她说："我想和我的好朋友一起去，可以吗？"我回答说："当然可以呀。"

图3

通过和妙妙妈妈的几次交流，我们反馈了孩子在幼儿园的表现，家长也反馈了孩子在家里的表现。最后，我们达成一致想法：希望孩子自

第三部分 主导 VS 共生：观察、反思、支架，有效推动学习的深度发生

信一点，更阳光开朗一点，尝试表达自己，并抓住机会勇于挑战自己。

通过与家长的深入交流，不仅可以了解到孩子各方面的表现情况，而且也让老师和家长的关系更紧密。我们可以根据每个孩子的不同特点给家长合理的建议，这样家长也会更信任老师，配合度也更高，为以后的教学工作打下了基础。

表 1　卫星四班_____家园联系记录表

幼儿姓名		性别		年龄	
时间					
教师姓名					
内容记录					
教育建议					

（提供者：张萌）

我一定可以

【谈话主题】

在班级"温暖一公里"活动中,我们班级的主题是"甜嘴巴活动"。我们每天阅读绘本故事,每周进行一次讲故事比赛,每月通过阅读打卡活动进行颁奖。徐英杰小朋友是一个很喜欢阅读的孩子,但在每次的讲故事比赛中却不敢大胆讲述故事。妈妈说,在家里他可以根据绘本将故事讲给弟弟听,但上台表演时就不敢表现。妈妈有些着急,想知道孩子因为什么而胆怯。于是,我就这个问题和徐英杰妈妈进行了沟通。

【谈话实录节选】

英杰妈妈:"徐英杰每次在幼儿园的讲故事比赛中,总是不敢表达。每次在家里都讲得很棒,到了比赛时就胆小,讲不下来。老师,这怎么办呢?"

莹莹老师:"我和孩子也进行了沟通,询问了原因。孩子说在舞台上,看到下面有很多小朋友,就不自觉地感到紧张。有时候就忘记了下面该怎么讲故事,其他小朋友就会笑话他,所以不喜欢在舞台上讲故事。"

英杰妈妈:"他是因为上台紧张,又怕小朋友们笑话他,所以不敢上台讲故事。那有什么好的办法帮助他克服恐惧呢?"

第三部分 主导 VS 共生：观察、反思、支架，有效推动学习的深度发生

莹莹老师："这样就需要给孩子进行心理辅导，好好地谈一谈，克服他的恐惧，鼓励孩子，让孩子有自信心，大胆地表达。在家里可以召集家人充当观众，让孩子在更多的人面前表现自己。一开始告诉孩子就算忘记了也没关系，大家也不会笑话他，妈妈会提示他。一次两次对故事越来越熟练，就会越讲越顺利。讲述完也要给予鼓励，比如说这次比上次讲得更好之类的话。最终，当孩子能够大胆流畅地讲述下来时，我们可以给予奖励。在幼儿园中，我们也会以同样的方式鼓励孩子，让他们更有自信。我们共同努力，让孩子变得更优秀。"

英杰妈妈："好的，我们一定会配合老师的工作。希望宝贝能够更有自信，更勇敢地展示自己。"

【分析】

通过与英杰妈妈的沟通，发现英杰喜欢阅读，在家里也能够给弟弟讲自己读过的绘本故事。然而，在幼儿园的讲故事比赛中，由于紧张，每次都不能完整地讲述故事。通过沟通，了解到英杰受心理因素影响而害怕在大家面前展示自己，导致自信心不足，担心同伴嘲笑，在讲故事比赛中不能发挥正常水平。

【教师的思考】

根据《3-6岁儿童学习与发展指南》语言领域的目标，我们要尊重和接纳幼儿的说话方式。无论幼儿的表达水平如何，都应认真倾听并给予积极回应。当幼儿因为急于表达而说不清楚时，提醒他不要着急，慢慢说。同时要耐心倾听，给予必要的补充，帮助他理清思路并清晰地表达。与家长进行深度沟通，了解孩子在家时的情况，并分析其在幼儿园的情况，找到问题的原因。通过家园共育，让孩子更加自信，大胆展示自己。

经过一个月的努力，徐英杰越来越自信。在后来的讲故事比赛中，也更加大胆，并收获了同伴的掌声和老师的奖励。在"春奥会"活动中，

英杰报名担任主持人并发挥出色。他有气势，有力量，很棒地完成了主持任务。妈妈也非常开心，并感谢老师给孩子提供机会，让孩子变得更加自信。

（观察教师：雷莹）

第三部分　主导 VS 共生：观察、反思、支架，有效推动学习的深度发生

家长观察案例

故事一　让每一个未来亮晶晶

观察员：小二班廷廷妈妈。

观察内容：园本课程"小家·大国"艺术展活动。

导读：

秋天，金子般的季节，谱写着一首首美妙动人的丰收乐章。在这瓜果飘香、诗情画意的秋天里，当快乐星球三周岁生日遇见传统民间艺术，瞬间迸发出智慧火花。星宝们一袭民族靓装，自信满满，共赴一场沁人心脾的艺术之约，享国风脉脉，赏民韵悠悠，为快乐星球庆生，让传统文化生辉。

图1

故事二　奇妙的太空之旅

观察员：

观察内容："玩大了的童年"六一儿童节专题"我们一起去太空"主题探究活动

导读：

浩瀚的星空充满了神奇与奥秘，引发了孩子们无限的遐想。从"神舟十三号"飞船顺利返回地球那一刻，孩子们对航天、飞船充满了好奇，对探索太空充满了向往："地球之外有什么？""火箭发射到哪里去了？""陨石坑上有陨石吗？""银河系是一条河吗？"一系列的问题引发了他们的探索。在六一儿童节到来之际，他们举行了一场"我们一起去太空"活动，感受着神奇的太空之旅。

图2

故事三　奇妙的动漫科技节

观察员：恒星三班城城妈妈

观察内容：园本课程"Happy 环游记"动漫科技展活动

导读：

一年一度的快乐星球"Happy 环游记"是星宝们最快乐的游戏之旅。

第三部分 主导 VS 共生：观察、反思、支架，有效推动学习的深度发生

第三届"Happy 环游记"，孩子们迎来了属于他们的动漫科技时光。热闹动感的开幕式、别具一格的动漫游戏、充满趣味的动漫影院等等，都点亮了孩子们心中对科技的好奇和向往。

图 3

故事四　"Happy 环游记"之嗨玩迪士尼

观察员：大班栩栩妈妈

观察内容：园本课程"Happy 环游记"迪士尼活动展

导读：

每个孩子的心里都有一个迪士尼梦，梦里有可爱的公主和英勇的王子，那是将所有美好的故事和幻梦变成现实的地方。今年的"Happy 环游记"，快乐星球给孩子送来了最好的礼物——守护每个孩子的童话梦，开启一场有趣的迪士尼梦幻之旅，与星宝们共赴一场王子与公主的梦幻约会，让孩子们畅游在美好的童话世界里。

图4

故事五　和孩子一起看世界

观察员：

观察内容："玩大了的童年"六一儿童节专题——一场孩子自创的光影游戏

导读：

我们生活在一个光影的世界里，阳光下斑驳的树影，一天中不同时段的影子变化，孩子们对这些都充满好奇心和疑问：光有颜色吗？影子是怎么来的？一场与光同行，与影游戏的活动在孩子们中间开始了，星宝们在自创的光影博物馆里探索、创造、游戏、成长……

图5

后　记

盐湖区第四实验幼儿园成立于2018年10月，自开园以来，我们始终相信每一个孩子都是独一无二的存在，教育的目的就是帮助每一个生命体找到属于自己的成长方式。出于这个信念，我们确定了"星"文化，遵循"为了每一个"的办园宗旨，践行"闪亮每个生命、创造每个日子、乐享每个童年"的教育思想，立足未来、规划现在，提出了让幼儿用自己的方式去构建世界，创设了"一核两翼四驱"的未来星课程，以此培养能够"自由思想、自主探究、自信表达、自然生长"的未来好儿童。近年来，我园随着管理的优化提质和创新发展，树立了高质量的教育品牌，得到了家长、同行和社会的广泛赞誉。

本书是我园申报的山西省十三五规划课题"高宽课程在幼儿园一日生活中本土化的实践研究"的阶段性经验，是我们团队历经3年的课程改革和实践累积提炼的结晶；也是我们团队凝心聚力、不断创新、不懈努力的精神风貌的展示；更是承载着"四幼"人对"聚能于实，求真惟精"的园本文化的阐释。3年的实践研究是教师对儿童立场和儿童视角的重新定位；是对有准备的环境内涵和价值的重新理解和践行；是对原来传统固化的教育模式的"破"和自由开放的新模式的"立"；是对让课程预设和生成灵活转化和深度融合的尝试探索。在这个过程中，一场变革在静悄悄地发生着：班级环境更加温馨，幼儿探究更加专注，空间环境更加开放，师幼互动更加灵动，人际关系更加融洽和温暖。"四幼"人都无比享受这自信、从容的每一个日子所带来的纯粹和幸福。

　　书稿编写的过程是我们对课程实践再一次审视、反思、提升和提炼的过程，是我们整个团队成长的过程，也是无比感动和感恩的过程。感谢我的团队对资料精心细致地梳理归纳、精益求精地修改和校对；感动于他们在 3 年工作中付出的心血和智慧；感恩曾经指导和帮助我们的各位领导、各位专家，尤其是教育部园长培训中心缴润凯主任、山西师范大学张琴秀教授、运城学院郭红霞主任的悉心指导，让我们再一次触摸、欣赏、品味"四幼"，深度感受"快乐星球"的风景与内涵、发展的速度和激情、未来的美好和无限的可能。

　　这只是盐湖区第四实验幼儿园第一个 5 年教育教学改革的阶段性成果，还有一些领域需要我们实践探索、不断完善和提升。相信这段经历一定会是"四幼"人永久的记忆，也会是"四幼"人永不停歇的动力。"浩渺行无极，扬帆但信风"，新时代的"四幼"将继续属于担当，向着高质量的发展奋勇前行，躬耕不辍！

闫林林
2023 年 9 月